DON BOSCO
VERLAG

Dies ist ein Herbsttag, wie ich keinen sah!
Die Luft ist still, als atmete man kaum,
und dennoch fallen raschelnd, fern und nah,
die schönsten Früchte ab von jedem Baum.

O stört sie nicht, die Feier der Natur!
Dies ist die Lese, die sie selber hält,
denn heute löst sich von den Zweigen nur,
was vor dem milden Strahl der Sonne fällt.

Friedrich Hebbel

Cordula Pertler / Eva Reuys

Kinder feiern Erntedank

Don Bosco

Feste feiern mit Kindern

Weitere Themen aus der Reihe:
Halloween
St. Martin
St. Nikolaus
Advent/ Weihnachten
Fasching, Fastnacht, Karneval
Ostern
Muttertag

Die Deutsche Bibliothek – CIP-Einheitsaufnahme

Ein Titeldatensatz für diese Publikation ist
bei Der Deutschen Bibliothek erhältlich.

2. Auflage 2002 / ISBN 3-7698-1302-2

Umschlag und Illustrationen: Margret Russer
Notensatz: Nikolaus Veeser, Schallstadt
Satz: undercover, Augsburg
Produktion: Druckerei Gebr. Bremberger, München

Gedruckt auf umweltfreundlichem Papier

Inhalt

Vorwort

Wie kommen die Kerne in den Apfel? Das ist eine von vielen Fragen, die Kinder gerne uns Erwachsenen stellen. Vor allem Stadtkinder haben den elementaren Bezug zur Natur weitgehend verloren. Sie haben kaum Gelegenheit, den Reifungsprozess von der Aussaat bis zur Ernte zu beobachten. Sie erfahren nicht, wie viel Mühe in der Feldarbeit, dem Gemüse- und Obstanbau steckt. Vielmehr erleben Kinder, dass Obst, Gemüse oder Brot im Supermarkt gekauft werden. Sie wissen wenig über deren Herkunft. Hinzu kommt, dass Früchte das ganze Jahr über erhältlich sind. Was nicht bei uns wächst, wird aus dem Ausland importiert und füllt die ohnedies übervollen Regale. Warum also für Alltägliches und somit Selbstverständliches danken? Vor diesem Hintergrund befassen wir uns mit der Frage, welche Bedeutung das Erntedankfest auch heute noch für uns hat.

Dazu bieten wir Ihnen eine Fülle von Anregungen, wie Sie diese Feier mit Kindern vorbereiten und lebendig gestalten können. So wird das gemeinsame Erntefest zu einem unvergesslichen Erlebnis, das jedes Jahr wieder neu gestaltet werden kann. Vielleicht gelingt es auf diese Weise, die uns umgebende Schöpfung in ihrer Einmaligkeit und Schönheit bewusster wahrzunehmen und das gemeinsame Danken nicht nur auf diesen einen Sonntag im Oktober zu beschränken.

Zur Handhabung

Wir wollen mit unserem Buch vor allem Erzieherinnen mit Kindergruppen von vier bis acht Jahren ansprechen. Auch Lehrkräften und Eltern bietet das Werk eine Fundgrube voller Ideen. Neben Informationen zum Ursprung des Festes geben wir Tipps zur Vorbereitung und Durchführung einer Erntedankfeier in der Kirche oder im Haus.

Die große Auswahl an Aktivitäten orientiert sich am ganzheitlichen spielerischen Gestaltungsansatz. Alle Angebote können als einzelne Bausteine je nach Situation ausgewählt und in beliebiger Reihenfolge zusammengefügt werden. Diese Bausteine sind sechs Themenbereichen zugeordnet damit wir Ihnen, liebe Leserinnen und Leser, die Handhabung erleichtern! Angebote, die mit einem Pfeil (→) gekennzeichnet sind, werden jeweils an einer anderen Stelle im Buch ausführlicher beschrieben. Folgende Themenkreise erwarten Sie:

- Herbsttexte und Geschichten
- Aktionen und Meditationen
- Herbstwerkstatt
- Gärtnerei
- Spielekiste
- Lied, Tanz, Rhythmik
- Herbstküche

Alle Angebote können als einzelne Bausteine je nach Situation ausgewählt werden.

Vorbereitung

Vom Opferfest zum Erntedankfest

Seit die Menschen Ackerbau betreiben, sorgen sie sich um das Wachsen und Reifen der Früchte und freuen sich über eine gute Ernte. So dankten die Germanen mit kultischen Opferfesten ihrem Gott Wotan, die Römer der Göttin Ceres und die Griechen der Göttin Demeter für die Früchte des Feldes. Die Menschen überließen ihrem Gott einen Teil der eingebrachten Ernte und wollten so den Erntesegen für das kommende Jahr erbitten. In der Bibel wird von Kain berichtet, der dem Herrn ein Opfer von den Früchten des Feldes darbrachte und von Abel, der die Erstlinge seiner Herde opferte.

Aus den Opferfesten wurden durch das Christentum Erntedankfeste. In der katholischen Kirche gibt es seit dem 3. Jahrhundert Belege für Erntedankfeste. Da je nach Klimazone der Zeitpunkt der Ernte unterschiedlich ausfällt, gibt es allerdings keinen weltweit verbreiteten einheitlichen Festtermin.

Im deutschsprachigen Raum werden Erntefeste gegen Ende September bis Mitte Oktober abgehalten; der genaue Termin variiert von Jahr zu Jahr.

Im deutschsprachigen Raum werden Erntefeste gegen Ende September bis Mitte Oktober abgehalten; der genaue Termin variiert von Jahr zu Jahr. Meist wird jedoch für das Fest der erste Sonntag nach Michaelis, also der erste Sonntag im Oktober gewählt. An diesem Tag dankt die Gemeinde für die eingebrachte Ernte. In Körben bringen die Gläubigen die Früchte des Gartens und des Feldes mit in die Kirche, damit sie der Priester segnen kann. Rotbackige Äpfel, makellose Birnen, ein besonders großer Kürbis, Brot, eine Garbe Ähren werden vor dem Altar oder auf einem Gabentisch aufgebaut. Mancherorts wird auch ein Erntekranz oder eine Erntekrone geschmückt mit bunten Bändern im Altarraum aufgehängt oder aber ein riesiger Ernteteppich aus Früchten gestaltet.

In christlichen Kindertagesstätten beteiligen sich Kinder und Erzieher/-innen traditionsgemäß an der Vorbereitung und Gestaltung der Erntedankfeier. Mit Eifer studieren sie Erntedanklieder und Gedichte ein, binden bunte Erntesträuße oder gestalten gemeinsam ein

Mandala von den Früchten des Feldes und Gartens. Gespräche bereiten auf die Erntedankfeier vor und erinnern daran, dass Gott uns Gutes geschenkt hat, Essen und Trinken, Kleidung und Wohnung, Haus und Garten.

Beim Erntedankfest halten wir Rückschau auf das, was das Jahr uns brachte und besinnen uns darauf, ob die Ernte gut oder schlecht war. Der Ertrag, den eine Ernte bringt, liegt nicht nur in der Hand des Menschen, er ist auch von der Witterung abhängig. Die Auswirkungen einer Missernte sind heute aber in den reichen Industrieländern nicht mehr so dramatisch, da der weltweite Handel regionale Notstände ausgleicht.

Beim Erntedankfest halten wir Rückschau auf das, was das Jahr uns brachte und besinnen uns darauf, ob die Ernte gut oder schlecht war.

Früher waren die Menschen ungleich stärker von der Natur abhängig als heute. Bei schlechter Ernte waren die Vorräte knapp und keiner in der Familie konnte sich satt essen. Fiel dagegen die Ernte reich aus, wurde dies als Krönung der schweren Arbeit auf dem Felde gesehen.

Das Obst, Gemüse und Korn musste allerdings für den gesamten Winter reichen. So wurde aus Äpfeln und Pflaumen Marmelade gekocht, Gemüse in Einmachgläsern haltbar gemacht, Korn gemahlen und zu Brotteig verarbeitet. Selbst altes Brot war so kostbar, dass es nicht weggeworfen, sondern als Einlage in der Suppe diente und Brotkrümel waren eine willkommenes Futter für das Federvieh. Die Menschen waren dankbar für gutes Wetter, reiches Wachstum und dafür, dass sie genug zu essen hatten.

In der tiefen Verbundenheit des Bauern zu seiner bearbeiteten Erde entwickelten sich vielfältige Riten. Blumengeschmückt zogen Mägde und Knechte auf das Feld hinaus und begannen mit einem Spruch oder Lied die Arbeit. Meist schnitt der Bauer selbst die ersten Halme. Dieser erste Schnitt mit der Sichel war selbst dann noch eine heilige Handlung, als schon vorwiegend Maschinen diese Arbeit übernahmen. Die ersten Halme wurden vielfach aufbewahrt und die Körner unter das Saatgut des kommenden Jahres gemischt. Oft wurde auch die letzte Garbe oder der letzte einfahrende Wagen mit Blumen und Bändern geschmückt. Singend zogen die Schnitter zum Hofe, wo sie bereits der Hoferbe oder die Bäuerin erwartete und die Fuhre mit Wasser – Lebenswasser – besprengte. Mit einem Erntespruch wurde dem Hausherrn ein Kranz aus Ähren und Blumen gebunden überreicht. Der Ernteabschluss bestand meist in einem festlichen Mahl, dem »Schnitthahn«, das der Bauer seinen Mägden und Knechten spendierte. Ein Hahn, Erntebier und als besonderes Festtagsgebäck Küchlein und Krapfen gehörten zu jeder Festtafel. Erntebräuche hielten sich in der dörflichen Arbeitswelt bis zum Ende des 19. Jahrhunderts. Heute wird die Arbeit der Ernte mit Maschinen bewältigt, welche die mühevolle Tätigkeit des Mähens, Bindens und Garbenaufstellens nicht mehr nötig machen. Altes Brauchtum ist verloren gegangen, wird aber zum Teil neu belebt. Als Veranstalter von Erntedankfeiern treten Pfarrei, Schule, ländliche Fortbildungswerke und kirchliche Organisationen auf.

Mancherorts ist der Rahmen der Erntedankfeier besonders festlich. Erntekrone oder -kranz werden in einer Prozession in die Kirche gebracht.

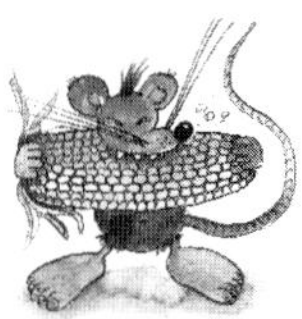

Mancherorts ist der Rahmen der Erntedankfeier besonders festlich. Erntekrone oder -kranz werden in einer Prozession in die Kirche gebracht. Nach der Weihe findet sie dann noch einige Zeit ihren Platz auf einem Seitenaltar. Auch heute noch treffen sich Dorfbewohner nach dem Gottesdienst zu einem guten Essen im Gasthaus, und da und dort wird auch zum Tanz aufgespielt.

Elemente des Erntedankes finden sich aber auch in anderen Festen. Man denke nur an Kirmes- und Kirchweihfeiern, die im deutschsprachigen Raum fast immer nach Abschluss der Erntearbeiten gefeiert und, von wenigen Ausnahmen abgesehen, als das Erntefest schlechthin gelten. Zum einen erinnern sie an die Kircheinweihung und den jeweiligen Schutzpatron und zum anderen bedeutet Kirchtag oder Kirmes soviel wie Volksfest, Jahrmarkt, Brauchtumsfeier mit Musik, Tanz, Wettschießen und Wettspielen, mit Aufmärschen der Vereine und Zünfte. Kirmes- oder Kirchweihfeiern im Herbst dauern drei Tage oder eine Woche lang und gehören zu den ausgelassensten Festen des landwirtschaftlichen Jahreslaufs. Almabtrieb oder Heiligenfeste wie zu St. Martin, wo der neue Wein, die Martinsminne, getrunken und die Martinsgans gebraten wird, zeigen ebenfalls Bezüge zum Erntedankfest.

Fest des Gebens und Nehmens

Kaum hat das neue Jahr in Ihrer Einrichtung begonnen, nähert der Herbst sich schon in voller Pracht und mit Riesenschritten. Er grüßt uns mit herrlichen Früchten des Feldes und der Bäume.

Für die Kinder auf dem Land ist es nach wie vor ein Vergnügen, auf den Baum zu klettern, oder sogar auf die Leiter zu steigen, um Obst zu pflücken. Auch alles was am Boden liegt, wird eifrig in Körbe gesammelt. Natürlich ist das Naschen erlaubt, denn frisch geerntet und unvermeidbar auch nicht gewaschen, schmeckt es am besten.

Fragen Sie jedoch die Kinder in der Stadt, woher die Äpfel oder Kartoffel kommen, dann hören Sie nicht selten: »Aus dem Supermarkt!« In diesem Fall ist es höchste Zeit, in Ihrer Einrichtung »Erntedank« mit allem Drum und Dran zu feiern. Erntedankfest heißt dankbar sein und Dankbarkeit zeigen und das kann nur, wer die Mühen und Freuden kennt, die mit dem Säen, Reifen und Ernten verbunden sind.

Kinder antworten auf die Frage, woher das Obst und Gemüse kommt, nicht selten: Aus dem Supermarkt.

In Projekten rund um Erntedank erleben die Kinder die Geschenke aus der von Gott geschaffenen Natur in all ihrer Vielfalt. Der Reichtum an Früchten vom Acker, Feld, Beet, Baum und Strauch, wird in den verschiedensten Angeboten zum Thema bewusst gemacht.

Die Kinder erfahren etwas über die harte Arbeit des Bauern, wie viel Einsatz von Menschen hinter einer reichen Ernte steckt. Sie entwickeln Achtung und Bewunderung vor den Naturprodukten und den Menschen, die mit vollem Einsatz diese harte Arbeit machen. Die Bedeutung des guten Klimas für eine reiche Ernte kann im Zusammenhang mit dem Thema Erntedank erarbeitet werden. In Pflanz- und Säaktionen nahezu das ganze Jahr über oder bei Experimenten, können die Kinder das Wachsen und Werden beobachten und durch Pflege selbst Einfluss darauf nehmen. Sie können dadurch gut nachvollziehen, dass das Wachsen und Gedeihen nicht alleine in ihren Händen liegt. Sonne und Regen bekommen für die Kinder nun eine ganz andere Bedeutung. Auch wird den Kindern die Abhängigkeit des Menschen von den Naturgewalten deutlich.

In diesem Zusammenhang lässt sich auch das Verantwortungsbewusstsein für unsere Natur und Umwelt wecken. Durch bewusstes Erleben und sich Erfreuen an der intakten Natur, durch Vermittlung von Wissen über die Gefährdung der Umwelt durch die Menschen können die Kinder zum Nachdenken angeregt, und zum richtigen Umgang motiviert werden.

Bewusst erleben sie die Bedeutung und den Nutzen der Ernte als Nahrung für den Menschen und auch für die Tiere, den Kreislauf von Geben und Nehmen in der Natur. Die Kinder erkennen, dass viel mehr dahintersteckt, als sich im Supermarkt zu bedienen. Sie lernen zu staunen, zu danken und sich zu freuen, wenn sie erst einmal nachvollziehen können, wie sich aus einem winzigen Kern ein Apfel, eine Birne oder sogar ein riesengroßer Kürbis entwickelt, oder aus vielen kleinen Weizenkörnern ganze Felder mit Getreide wachsen.
In Gesprächen, Meditationen und Bildbetrachtungen werden die Kinder auch die religiöse Dimension erfahren, ein Gefühl der Dankbarkeit wahrnehmen und sich über die vermeintlich so selbstverständlichen Nahrungsmittel freuen. Gespannt hören sie zu, wenn ihnen die Erzieherin vermittelt, dass hinter jeder Ernte die Kraft Gottes steht. Eine echte Verbundenheit mit der Natur entwickelt sich.
Das Wort »Danke«, den Kindern häufig als bloße Umgangsform »eingetrichtert«, wird oft unfreiwillig oder gar nicht ausgesprochen. Nun bekommt es für die Kinder einen Sinn, so dass sie es fortan vielleicht öfter freiwillig und gerne benutzen!

Kinder lernen zu danken und zu staunen, wenn sie erleben, wie aus einem kleinen Samenkorn eine Pflanze heranwächst.

Erntedank, ein Fest der Sinne, sensibilisiert die Kinder. Mit geschlossenen Augen und ganz intensiv riechen sie an den Ernteprodukten, spielerisch lernen sie diese am Geruch oder Duft zu unterscheiden. Sie haben Spaß beim Ertasten der Formen, der Größen, der Oberflächenbeschaffenheit. Das Erfühlen der Gegensätze von rauen Nussschalen und glatten Kastanien regt den Tastsinn an. Freude kommt auf, wenn die Kinder das Gefühlte »blind« erraten haben – und mehr noch beim Probieren und Naschen, Unterscheiden, Vergleichen und Erkennen. Gar manches Kind findet etwas »lecker«, was es zu Hause nie probieren, geschweige denn essen würde. Die Sinnesübungen und weitere Angebote, wie Kochen und Backen mit

Ernteprodukten, führen die Kinder zu bewusstem Umgang mit Nahrungsmitteln und zu genüsslichem Essen.

Wir leben in einem Schlaraffenland, in der Regel können Kinder in unserer Gesellschaft etwas essen, wenn sie Hunger verspüren, naschen, wenn sie Lust dazu haben, in den Laden um die Ecke gehen und sich vom Taschengeld Süßigkeiten kaufen. Schnell wird probiert und viel zu schnell wird weggeworfen, was nicht schmeckt. In unserer Überflussgesellschaft spielt das vermeintlich keine Rolle. In diesem Zusammenhang ist es von großer Bedeutung, die Kindern aufmerksam zu machen auf die vielen notleidenden Menschen auf der Welt. Millionen von Kindern und Erwachsenen leben in Ländern, in denen Krieg oder absolute Dürre herrscht, leben in Ländern, in denen durch Hochwasser, Vulkanausbrüche und andere Naturkatastrophen die Ernte völlig zerstört ist, und viele von ihnen müssen vor Hunger sterben. Das Erntedankfest kann, wie auch andere Feste und Themen im Jahreskreis, ein Anstoß sein, die Kinder unserer Gesellschaft zu sensibilisieren für notleidende Menschen auf der ganzen Welt und nicht zuletzt auch für Menschen in unserer unmittelbaren Nachbarschaft, denen es nicht so gut geht.

Wir leben in einem Schlaraffenland, in der Regel können Kinder in unserer Gesellschaft etwas essen, wenn sie Hunger verspüren, naschen, wenn sie Lust dazu haben.

Der Herbst bietet uns ein Spiel der Gegensätze, ein Spiel von Formen und Farben. Die eben noch grünen Blätter färben sich gelb, rot, braun. Sie werden fleckig, gestreift. Das glatte, glänzende Blatt wird trocken, wölbt sich und raschelt. Bei einem Herbstspaziergang wird dieses Schauspiel lebendig wahrgenommen, und in der Kita in Form einer Rhythmikstunde spielerisch nachvollzogen. Wenn sich im Herbst die Natur nicht nur mit bunten Blättern schmückt, sondern auch prachtvolle Früchte aufweist, erleben wir ein großes Farben- und Formenspektrum, das nun für Sie und die Kinder ebenfalls zum Thema werden kann.

Der Herbst hat lukullisch viel zu bieten, er lässt Kinder zu wahren Kochkünstlern werden. Obst und Gemüse lassen sich für Kinder und mit Kindern leicht zubereiten, fantasievoll dekorieren, und sie bilden die Grundlage für eine gesunde ausgewogene Ernährung.

Nahrungsmittel sind zum Essen gedacht und nicht zum Spielen. Aber was spricht dagegen, wenn ein kreatives Gemüsetheater nach einer Vorstellung in den Kochtopf wandert, ein lustig ausgedachtes Obsttheater zum leckeren Obstsalat geschnippelt wird?

Die Kinder werden nicht nur beim Kochen, und beim Theaterspielen kreativ, sondern auch bei Basteleien aller Art. Blätter, Kastanien, Eicheln und andere Früchte regen zum Gestalten und Spielen an. Welcher Erwachsene erinnert sich nicht gerne an die Kastanienmännchen aus der Kinderzeit. Auch handwerkliches Geschick entwickelt sich, zum Beispiel bei der Herstellung von Wurfkastanien und Kastanienmännchen, die wiederum als fertige Produkte zum Spielen motivieren.

Ästhetische Bildung kann mit all den gesammelten Naturmaterialien gelingen, seien sie weiterverarbeitet oder als Dekoration genutzt.

Ästhetische Bildung erreichen Sie mit all den gesammelten Naturmaterialien, seien sie weiterverarbeitet oder als Dekoration genutzt. Mit Blättermännchen, geklebt aus gepresstem Laub, mit gefädelten Laubgirlanden, Laubkränzen, oder mit Kastanienketten dekorieren wir die Räume und holen somit den Herbst ins Haus. Die Fülle, die uns die Natur brachte, wird in Form von Früchten und Gemüse auf Tische, Fensterbretter, Regale dekoriert, so dass wir uns jeden Tag an der Farben- und Formenpracht erfreuen können.

Losgelöst von der Geschichte und den inneren Werten unserer Vorfahren wissen viele Erwachsene heute nichts mehr über die alten Bräuche und Riten. Gerade deshalb ist es von Bedeutung, die Kinder in unserer heutigen Gesellschaft das Erntedankfest als uralten Brauch erleben zu lassen.

Staunen, Danken, Teilen weckt in den Kindern Emotionen. Jedes Kind kann sich bei den Vorbereitungen aktiv und individuell einbringen, aber gemeinsames Feiern mit selbstzubereiteten Speisen, mit Tänzen, Liedern und Ritualen verbindet nicht zuletzt die Kinder zu einer glücklichen Gemeinschaft. Und mit all dem Hintergrundwissen über Erntedank lässt sich nochmal so schön feiern!

Ohne Planung geht es nicht

Eine intensive Vorbereitungszeit ist die beste Einstimmung auf ein Fest, heißt es. – Bei Erntedank ist diese Zeit kurz, deshalb muss sie aber nicht weniger intensiv sein. Die Sommerferien sind gerade vorbei, neue Kinder werden mit den inzwischen »Großen« zu einer neuen Gemeinschaft. Zwei Themen laufen nun fast parallel. Einmal das sich Kennenlernen und Freundschaften schließen und das Thema »Herbst« mit seinem Höhepunkt in der Festgestaltung »Erntedank«. Aber – warum nicht beide Themen verbinden? Schließlich gibt es alte Weisheiten wie »Liebe geht durch den Magen« oder »Teilen schafft Freunde«! Beide Aussagen sind wichtige Bestandteile vom »Erntedankfest« und beim Erleben von »Freundschaft«.

Setzen Sie Erntedank in Ihrer Kita als ersten Höhepunkt im neuen Jahr, auf den dann das Thema »Herbst« folgen wird. Dadurch ergibt sich auch eine natürliche Eingrenzung des Inhalts. Für die Kinder und natürlich auch für die Erzieherin wird das Thema so überschaubar und auch intensiver. Wir empfehlen auf alle Fälle, die Thematik nach einem ausgiebigen Brainstorming im Team einzugrenzen und inhaltliche Schwerpunkte zu setzen. Die Ereignisse in der Natur können Sie sehr gut mit den religiösen Dimensionen in Verbindung setzen und jedes Jahr einen anderen Schwerpunkt zum Thema »Erntedank« wählen. Einmal stellen Sie mehr das Obst, ein anderes Mal Gemüse oder Getreide in den Vordergrund. Innerhalb dieser Schwerpunkte ließen sich auch wieder einzelne Ernteprodukte hervorheben. Beispielsweise wird in einem Jahr die Kartoffel zum Hauptthema, ein anderes Mal der Apfel, die Kastanie, der Kürbis, die Sonnenblume oder Getreide und Brot, um nur einige zu nennen. Jede Gruppe sollte für sich entscheiden und dabei vor allem die Wünsche der Kinder und die Möglichkeiten im näheren Umfeld der Kita berücksichtigen.

Die Ereignisse in der Natur können Sie sehr gut mit den religiösen Dimensionen in Verbindung setzen.

Zeitpunkt

Traditionell wird Erntedank, je nach Landstrich, Ende September bis Mitte Oktober gefeiert. Danken aber kann man immer und feiern ebenfalls! Sicher lässt sich in Zusammenarbeit mit dem Pfarrer ein sinnvoller Termin für die Kita finden, wenn gemeinsam in der Kirche gefeiert werden soll.

Ort der Feier

Im Team ist zu diskutieren, ob die Feier in den jeweiligen Gruppen stattfindet und zuvor ein Kindergottesdienst gemeinsam mit dem Pfarrer, den Eltern und Geschwistern gefeiert wird. Oder beteiligt sich die Kita am Gottesdienst der Pfarrgemeinde am offiziellen Erntedank-Sonntag? Gibt es einen gemeinsamen Teil aller Gruppen in der Halle und danach ein gemütliches Feiern in den jeweiligen Gruppenräumen? Sicher lässt sich aus den vielen Möglichkeiten eine für Sie passende Gestaltung zusammenstellen, die aber auch wiederum von Jahr zu Jahr variiert werden kann.

Elternarbeit

Nicht nur Kinder und Mitarbeiter wollen informiert sein. Auch die Eltern brauchen rechtzeitige Informationen, wenn man sie zum Mithelfen und zum Feiern motivieren will. Über Briefe, schwarzes Brett, Gespräche zwischen Tür und Angel bekommen die Eltern die wichtigsten Informationen. Inhalt der schriftlichen Infos sollte nicht nur Organisation und Ablauf des Festes sein. Die Eltern freuen sich bestimmt auch über Koch- und Backrezepte, die Sie mit den Kindern ausprobieren werden, über Lieder und Gedichte zum Thema und über das Eine oder Andere zum Brauchtum, was vielleicht schon in Vergessenheit geraten war. Auch der Schwerpunkt des diesjährigen Festes sollte in seiner Dimension hervorgehoben und begründet sein. Betonen Sie auch, dass diese Feier eine ungezwungene Gelegenheit zum weiteren Kennenlernen und zur Integration der neuen Eltern bietet.

Die Eltern freuen sich bestimmt auch über Koch- und Backrezepte, die Sie mit den Kindern ausprobieren werden.

Integration von Kindern anderer Religionen

In vielen Kitas, ob Stadt oder Land treffen wir auf Kinder und Eltern aus den verschiedensten Kulturkreisen und Religionszugehörigkeiten. Ein Fest, bei dem Gott für eine fruchtbare Ernte gedankt wird, gibt es in allen Religionen. Der Zeitpunkt ist unterschiedlich, da die Ernte jeweils vom Klima abhängig ist. Parallel zu unserem Erntedankfest wird das türkische Fest Kurban Bayrami, ebenfalls ein Dankesfest an Gott, gefeiert.

Klären Sie mit den Eltern in welcher Form das Erntedankfest zur sozialen und kulturellen Feier für alle Religionen und Kulturen werden kann, wie Sie vielleicht auch für uns fremdes Brauchtum aufgreifen können. Es sollten alle Eltern informiert werden, welche Aktivitäten rund um Erntedank geplant sind. Wird das Fest in der Kirche mit einem Gottesdienst gefeiert, muss respektiert werden, wenn nichtchristliche Kinder deshalb nur am Brauchtum teilhaben. Gleichzeitig dürfen die Erzieherinnen dafür Verständnis erwarten, dass ihnen die Vermittlung des religiösen Aspekts beim Erntedankfest ein grundsätzliches Anliegen ist. Werden die Eltern anderer Glaubensrichtungen ebenfalls zum Fest eingeladen und können sie ebenfalls einen Beitrag aus dem eigenen religiösen oder kulturellen Umfeld leisten, fällt es ihnen sicher leichter, ihren Kindern die Teilnahme zu ermöglichen.

Festgestaltung

Vorbereitung und Raumgestaltung

Holen Sie den Herbst ins Haus und dekorieren Sie die Räume mit Getreide, das Sie bei einem Ausflug mit den Kindern von umliegenden Feldern holten und mit Gemüse, vielleicht von den eigenen Beeten der Kita. Obst durften die Kinder in einem Obstgarten selbst pflücken, Kastanien und Blätter sammelten alle gemeinsam bei einem Herbstspaziergang und Blumen bekommen sie von freundlichen Nachbarn geschenkt. »Das klingt ja nach Idealfall, wer hat das schon!«, hören wir Sie beim Lesen dieser Zeilen rufen. Ja, in ländlichen Gegenden gibt es für die Kinder diese wunderschönen Erfahrungen. Aber auch für Stadtkinder könnte die eine oder andere Situation wahr werden. Vielleicht hat eine der Erzieherinnen im Laufe der Jahre Kontakt zu landwirtschaftlichen Betrieben aufgebaut, oder bestimmt haben Eltern liebe Verwandte auf dem Land, die mit der Kindergruppe zur Erntezeit besucht werden können. Erweisen sich diese Vorschläge als zu schwierig, bringt jedes Kind von Zuhause ein Obst- oder Gemüsestück mit. In Kleingruppen kann man auch auf den Markt oder in ein Geschäft gehen und einkaufen. Der Obst- und Gemüsehändler wird dabei von den Kindern interviewt. Sie fragen ihn zum Beispiel, woher die Produkte kommen, wie das Wetter dort ist, wie lange es dauert, bis sie reif wurden. Vielleicht kann er uns auch erzählen, wie lange diese auf dem Weg waren, bis sie zu uns kamen. – Und weiß er auch wie viele Apfelsorten es überhaupt gibt und warum die Banane krumm ist? Hierbei können zum Beispiel auch die griechischen und türkischen Kindern einen Anknüpfungspunkt zu ihrem Ursprungsland finden.

In Kleingruppen kann man auch auf den Markt oder in ein Geschäft gehen und einkaufen. Der Obst- und Gemüsehändler wird dabei von den Kindern interviewt.

Als Mittelpunkt der Halle oder der Gruppenraumgestaltung wird nun der Gabentisch gestaltet. Alles, was die Kinder organisierten, wird darauf dekoriert, vielleicht ergänzt um Arcimboldos Gemälde »Ver-

tumnus« (→ S. 37f.), das mit den Kindern thematisiert wird. Eine von den Kindern mit Erntemotiven gestaltete Kerze beleuchtet die Gaben beim Singen der Erntedanklieder und bei Gesprächen, Geschichten und Gedichten.
In der Eingangshalle, wie auch im Gruppenraum wirkt eine Erntekrone (→ S. 61) sehr dekorativ. Sie kann mit den Kindern oder von den Eltern geflochten werden.
Am Spätnachmittag, wenn die Dämmerung sich neigt, strahlt uns ein beleuchteter Kürbis (→ S. 56) entgegen. Die Türen der Zimmer sind mit Blätterkränzen (→ S. 62) geschmückt. Blätter- und Kastaniengirlanden (→ S. 63) hängen an den Wänden oder von der Decke.
Von den Kindern gemaltes und ausgeschnittenes Obst in überdimensionaler Große baumelt von der Zimmerdecke, kleinformatig ziert es einen aufgehängten Ast.
Wahrscheinlich kann man an der Raumdekoration gut erkennen, welchen Schwerpunkt Sie wählten, ob Sie auf ein Apfelfest zusteuern, oder Ihr Hauptinteresse der Kartoffel gilt. Das Thema spiegelt sich in den Kinderwerken wider.
Die Fenster werden mit Erntelandschaften bemalt. Felder, Bäume und Beete mit ihren Früchten bieten sich geradezu an. Auch lässt sich hier sehr schön aufmalen, was zum Beispiel unter der Erde wächst und gedeiht. Oben, im Fenster darf natürlich die für das Wachstum notwendige Sonne nicht fehlen. Kinder, die schon Bescheid wissen, werden dann natürlich auch noch den Regen dazu malen.

Raumdekoration und Festvorbereitung spiegeln das Schwerpunktthema zu Erntedank wider.

Eine Fensterbank könnte voll mit Laub in allen Farben des Herbstes belegt werden: Kastanien und Eicheln darauf verstreut, mitten hinein eine Vase mit Ästen gestellt und Sie haben die Landschaft im Haus. Die Kinder können daran riechen, fühlen und zusehen, wie sich das Laub während des Trocknens verändert. Gepresste Blätter und Kastanien können auch an Stelle von Blumen den Brotzeittisch in der Gruppe schmücken.
Auch lässt sich Arcimboldos »Vertumnus« in allen kindlichen Variationen sehr schön an die Fenster malen.
Bunte Collagen mit Obst, Gemüse aus Zeitschriften, Collagen aus Getreide und verschiedene Sämereien zieren die Wände. Sinnestafeln mit Kastanien, Laub, Getreide, allerhand Samenstände und Schalen von Obst, Gemüse, Nüssen, getrockneten Blumen und allem, was die

Natur so bietet, werden dekorativ arrangiert und aufgeklebt. In geeigneter Höhe aufgehängt, regen sie die Kinder zum spielerischen Erfahren an.

Wie wäre es mit einem »Laub- und Kastanienbad«, das ähnlich einem Bällebad im Nebenraum aufgestellt wird?
Web- oder Flechtrahmen (→ S. 65) mit allen erdenklichen Fundstücken aus der Natur, von den Kindern gesammelt und verwoben, sind poetische Dekorationsobjekte für den Eingangsbereich, wie für den Gruppenraum.

Gemeinsam wird für das Erntefest gebastelt, geschmückt und festlich dekoriert.

Für die Festtafel eignet sich eine Girlande aus Getreide oder Obst, Kastanien, Nüsse auf Blätter dekoriert oder kunstvoll gebastelte Kastanienmännchen. Festlichen Glanz schaffen Schwimmkerzen in Nussschalen, Windlichter mit Blättern beklebt, oder kleine erleuchtete Zierkürbisse.
Auch wenn Sie großen Wert auf eine festlich gedeckte Erntedanktafel legen, sollten Sie die Gestaltung den Kindern nicht abnehmen. Die Dekorationselemente wurden Tage zuvor spielerisch hergestellt, waren freiwillige Angebote im Tagesablauf und bekommen somit einen würdigen Rahmen. Gemeinsam wird gedeckt, geschmückt und gefeiert.

Ein Fest für Groß und Klein

Zur Gestaltung einer Erntedankfeier empfehlen wir drei Schwerpunkte zu setzen. Die Hauptelemente jeder Feier strukturieren den Ablauf.

1. Ein meditativer Teil, bei dem den Kindern noch einmal der Sinn des Festes bewusst wird.
2. Tanz und Gesang verbindet die Gruppe, lässt die Emotionen höher steigen und darf als Festelement keinesfalls fehlen.
3. Das Festessen, in gemütlicher ungezwungener Atmosphäre.

Zu den beiden letztgenannten Elementen wird nicht nur der Raum dekoriert, auch die Kinder schmücken sich mit selbstgefädelten Blätterkronen (→ S. 62) und Ketten aus Naturmaterial (→ S. 59) festlich.

Traditionelle Feier in der Gruppe

Zu Beginn wird mit den Kindern gemeinsam ein Tisch im Gruppenraum mit einer selbstbedruckten Tischdecke vorbereitet. Um den Tisch herum hängen wir Girlanden (→ S. 63) aus Blättern, Kastanien, Eicheln und anderen Naturmaterialien. Darauf stellen wir eine von den Kindern selbst verzierte Kerze und ein Kreuz, gebunden aus Getreide. Eine Erntekrone oder ein Erntekranz (→ S. 61 u. 62), ebenfalls aus Getreide, und von den Kindern gebackenes Brot (→ S. 88) dürfen nicht fehlen. Außerdem dekorieren wir mit den besprochenen Gemälden van Goghs »Sonnenblumen« (→ S. 39f.) oder Arcimboldos »Vertumnus« (→ S. 37f.), entweder als Poster oder von Kindern gemalt, den Gabentisch.
Ein Kind zündet die Kerze an, feierlich stellt nun jedes Kind seine mitgebrachten Gaben – Obst, Gemüse, Getreide, ein Blatt, eine Kastanie, Blumen und Ähnliches – auf den Tisch und spricht dazu persönliche Dankesworte. Im Hintergrund läuft Musik, zum Beispiel Vivaldis »Vier Jahreszeiten – der Herbst«. Es folgen ein Lied, ein Gedicht und eine Meditation. Auch hierzu finden Sie eine Auswahl in den Bausteinen.

Eine Erntekrone oder ein Erntekranz, ebenfalls aus Getreide, und von den Kindern gebackenes Brot dürfen nicht fehlen.

Das Legen einer Früchtesonne (→ S. 48) stellt eine schöne Alternative zum Gabentisch dar. Die Gestaltung der Früchtesonne in Form eines Mandalas eignet sich als meditatives Element einer Erntedankfeier.
Das gemeinsame Essen an der festlich geschmückten Erntedanktafel mit dem Teilen des selbstgebackenen Brotes bildet einen weiteren Höhepunkt.
Einen fröhlichen Abschluss setzen wir mit einem Tanz oder einem Umzug durch Haus und Garten. Die Kinder ziehen mit ihrem selbstgebasteltem Erntestab (→ S. 64) durch alle Räume und singen dabei Erntedank-Lieder (→ S. 76). Bei schönem Wetter geht es auch hinaus in den Garten.

Alle Gruppen feiern gemeinsam in der Halle

Die Kinder stellen sich im Kreis auf. Zur Eröffnung singen alle gemeinsam ein Lied. Vielleicht existiert auch eine Orffgruppe in Ihrer Einrichtung, die eine musikalische Einlage gibt. Ein Höhepunkt wird der Einzug der Erntekrone sein. Kinder fahren sie auf einem festlich geschmückten Handwagen in die Halle, ziehen einmal im Kreis herum, damit sie jeder gut sehen kann. Begleitet werden sie mit jeweils einer Abordnung von Kindern aus den verschiedenen Gruppen. Sie tragen Körbe gefüllt mit Obst, Gemüse und Blumen. Auch ein erleuchteter Kürbis darf nicht fehlen. Im Hintergrund läuft klassische Musik vom Band. Die Kinder legen ihre Gaben auf einen vorbereiteten Tisch und sagen einen kleinen Spruch dazu auf. Lieder und ein Bändertanz schließen den gemeinsamen Teil ab. Ein kleines Festessen folgt in den jeweiligen Gruppen.

Ein Erntedankfest im Garten

Das Fest im Garten ist vom Wetter abhängig. Mit etwas Glück oder Improvisation und Mithilfe der Eltern ließe sich ein herrliches Apfel-, Brot- oder zum Beispiel ein Kartoffelfest gestalten.

In verschiedenen Stationen im Garten gibt es lustige Spiele zum Thema: Kartoffelsackhüpfen, Staffellauf mit Äpfeln, die auf die lustigste Weise transportiert werden, Apfelringeschnappen, Zielwerfen mit Äpfeln oder Kartoffeln aus Pappmaché, Fädeln von Ketten aus Naturmaterial, Laufen über einen Sinnespfad, der mit verschiedenen Naturmaterialien des Herbstes gelegt wurde, um nur einige Beispiele zu nennen. Weitere Ideen entnehmen Sie bitte den Bausteinen.

Eine Apfelkönigin (verkleidete Mutter oder Erzieherin) verteilt an alle Gäste kleine rote Äpfel zum Naschen.

Für die Eltern gibt es Wettschälen von Kartoffeln oder Äpfeln. Aus den Kartoffeln werden anschließend kleine Reibekuchen gebacken, aus den Äpfeln dazu das Apfelmus gekocht.

Für die Eltern gibt es Wettschälen von Kartoffeln oder Äpfeln. Aus den Kartoffeln werden anschließend kleine Reibekuchen gebacken.

Im Mittelpunkt steht ein Feuerplatz. Hier werden dem Thema entsprechend die Speisen zubereitet. Entweder gibt es Folienkartoffeln (→ S. 82) mit verschiedenen Dips (→ S. 83), Stockbrote (→ S. 89) im Feuer geröstet oder Bratäpfel in Folie, aus der Glut des Erntefeuers. Heißer Apfelsaft und -wein ergänzen unsere Leckereien. Ein Tanz um das Feuer und Erntelieder verbinden die Feiergemeinschaft.

Erntedankfeier in der Kirche

Für die Feier ist es ratsam einen Festausschuss zu bilden, dem Kinder wie Eltern und Erzieher und natürlich der Pfarrer angehören. Es muss auch im Vorfeld geklärt sein, ob Kinder anderer Religionszugehörigkeit ebenfalls als Gäste daran teilnehmen mögen. Damit alle die Feier auch in einem würdigen Rahmen genießen können, sollte einige Tage vorher der Ablauf geprobt werden. Die Kinder bekommen Sicherheit und können sich auf das Fest in der Kirche freuen.
Den Ablauf des Gottesdienstes wird der Pfarrer vorschlagen. Die Eltern sorgen für die Erntegaben und engagieren sich beim Schmücken der Wagen und Körbe. Der Elternbeirat begleitet und unterstützt Sie auch beim Einzug in die Kirche.
Voran ziehen Kinder mit dem Erntewagen, auf dem die Erntekrone steht, in die Kirche ein. Weitere Kinder folgen mit ihren Körben, die gefüllt sind mit allem was die Erde hervor brachte. »Blumenkinder« schließen sich dem Zug an, gefolgt von Kindern, die einen Erntestab tragen, der am Altar in großen Vasen abgestellt wird. Den Zug begleitet feierlich der Pfarrer und die örtliche Musikkapelle.
Der Gottesdienst wird wie mit dem Pfarrer besprochen, gefeiert. Die Kinder singen an entsprechender Stelle ihre Lieder und sagen ihre Dankesworte frei oder in Versen gesprochen. Am Schluss segnet der Pfarrer die Gaben und die von den Kindern selbstgebackenen Brötchen. Die Erzieherin verteilt diese an die Kinder. (→ Einen Gottesdienstvorschlag zur Erntedankfeier mit Kindern finden Sie z. B. bei: Rosi Mittermeier: Happy Halleluja, Don Bosco, München 1998).

Für die Feier ist es ratsam einen Festausschuss zu bilden, dem Kinder wie Eltern und Erzieher und natürlich der Pfarrer angehören.

Herbstmarkt

In der Halle werden Tische, Kaufladen, Kasperltheater und Ähnliches zu Marktständen umfunktioniert. Die Kinder und auch Eltern verkaufen hier selbst zubereitete Speisen. Auch allerlei Gebasteltes aus Naturmaterialien wird angeboten. Kränze aus Laub, getrockneten Blüten, Samenständen und aus Getreide. Ährensträußchen mit bunten Bändern, Ketten aus Naturmaterial, Figuren aus Kastanien, Eicheln und Zapfen, Collagen aus Naturmaterial, Webarbeiten und dergleichen, finden sicher reißenden Absatz. Der Erlös gilt einem karitativen Zweck. Die Einrichtung spendiert für die Kinder heißen Apfelsaft und

für die Erwachsenen heißen Apfelwein oder Most. Gegessen wird in den vorbereiteten Gruppenräumen. Hier können sich Eltern und Erzieher in ungezwungener Atmosphäre näher kennen lernen.
An einem Stand werden die größten Ernteprodukte zur Bewunderung ausgestellt. Hier gibt es vielleicht eine Riesentomate oder Riesenrettich zu sehen. Eine überdimensionale Gurke oder ein Salatkopf zum Beispiel, erregen das Aufsehen aller. Ein Vater versteigert die Ausstellungsstücke und der Erlös wird natürlich gespendet.
Des weiteren läuft ein Angebot von Spielen und Aktionen. Es gibt einen Basteltisch mit Naturmaterialien, an dem jeder Teilnehmer seine Kreativität ausleben kann. In einem ruhigen Raum werden Herbstgeschichten zum angekündigten Zeitpunkt vorgelesen. In einem anderen Zimmer singt eine Erzieherin, ein Vater oder eine Mutter Herbstlieder mit den Kindern und Gästen und begleitet den Gesang mit der Gitarre.
Der Höhepunkt des Nachmittags ist ein Schattenspiel oder ein Gemüsetheater (→ S. 73f.), aufgeführt von Eltern oder Kindern. Ein gemeinsames Lied gleich im Anschluss bildet einen fröhlichen Ausklang.

Mit Erntedank wurde das erste religiöse und soziale Fest im Schul- und Kindergartenjahr gefeiert. Spuren und Pfade wurden gelegt. Auf diesen kann aufgebaut werden.

Jedes Fest hinterlässt bei Kindern neue Eindrücke: Bei Erntedank besonders die vielen Früchte, die mit allen Sinnen vergnüglich erlebt und geteilt werden, der feierliche Gottesdienst in der Kirche, das aufregende Kartoffelfeuer bei Einbruch der Dämmerung im Garten der Kita – noch nie haben Kartoffeln so gut geschmeckt wie diese aus dem Feuer, Obst und Gemüse, das in Form von Puppen lebendig wurde, Meditationen. All diese Ereignisse schaffen bei den Kindern Eindrücke, die nicht so schnell verarbeitet werden können.
Mit Erntedank wurde das erste religiöse und soziale Fest im Schul- und Kindergartenjahr gefeiert. Spuren und Pfade wurden gelegt. Auf diesen kann dann in weiteren Höhepunkten des Jahresfestkreises aufgebaut werden. Das Thema »Danken und Teilen« bleibt nicht auf einen Tag beschränkt und darf nie abrupt enden. Die damit verbundenen Ziele bleiben bestehen, denn die Kinder brauchen Zeit, in wechselnden Situationen Gelebtes und Erfahrenes verinnerlichen zu können. Im Laufe der Zeit verspüren die Kinder dann auch die innere Freude des Gebens, wenn der Beschenkte ein »Danke« erwidert.

Und irgendwann wird auch das »Danke« als inneres Gefühl erlebt und nicht als höfliche Floskel.
Das Leben in der Natur verabschiedet sich, es dauert Monate bis sich neues Leben regt, andere Ereignisse und Themen stehen bevor. Sobald der Frühling erwacht, das Säen und Pflanzen beginnt, knüpfen wir an unsere Erlebnisse der vergangenen Erntezeit an.

Zu allen Bildungsbereichen und zur Festgestaltung finden Sie in den nachfolgenden Bausteinen Ideen zur Erarbeitung, Weiterführung und Vertiefung des Themas »Erntedank«. Sie können diese individuell auf Ihre Kindergruppe abstimmen, verändern und ergänzen. Was Sie nicht zur Vorbereitung des Festes angeboten haben, kann sich durchaus zur Vertiefung eignen und an anderer Stelle sinnvoll sein. Gerade an Erntedank ist ein eingehendes Gespräch zum Thema »Früchte, Getreide und Gemüse als Nahrungsmittel« sehr wichtig. Kinder sollen durch die in den Bausteinen angebotenen Aktivitäten nicht in Versuchung kommen, Nahrungsmittel als Spielmaterial zu sehen. Im Gegenteil, sie sollen erfahren, dass jede Frucht etwas Besonderes ist, das geschätzt werden muss. Deshalb haben wir auch bewusst auf Basteleien, Druckarbeiten und Spiele, bei denen Lebensmittel verderben würden, verzichtet.

Bausteine

für die praktische Arbeit

Herbstliche Texte und Gespräche

Geschichte vom Früchtekorb

Herr Huber ist stolz auf seinen kleinen Feinkostladen. Er verkauft ausschließlich Delikatessen. Edlen Wein, feinste Geflügelpasteten, köstliche Pralinen, Wildlachs und Garnelen, makellose, zartgelbe Bananen, rotbackige Äpfel, pralle blaue und gelbe Trauben und allerlei exotische Früchte hat er im Angebot. Besonders freut sich Herr Huber über seine treue Stammkundschaft. Sie kaufen für die Feiertage bei ihm ein, und gibt es einen Geburtstag oder ein anderes Fest in der Familie oder mit Freunden zu feiern, wird gerne ein Geschenkkorb mit vielen leckeren Sachen bestellt. Erst heute kam Frau Penker in den Laden. Ihre Schwester feiert morgen ihren Fünfzigsten und da ist ein Früchtekorb genau das Richtige. Herr Huber verspricht seiner Kundin bis morgen alles zu ihrer Zufriedenheit herzurichten. Mit großer Sorgfalt sucht er die schönsten und wohlschmeckendsten Früchte aus und legt sie in den Korb. Dann windet er noch ein großes blaues Band mit Glitzerfäden um den Henkel und bindet eine große Schleife. Zufrieden betrachtet er sein Werk! Nun ist es aber Zeit, den Laden zuzusperren und nach Hause zu gehen.
Hubers Feinkostladen hat längst geschlossen. Es ist bereits Nacht. Nur der Mond erhellt ein wenig das Geschäft. Plötzlich rührt sich etwas im Obstkorb. Eine Banane richtet sich ein wenig auf und beginnt zu sprechen.
»Guten Abend, ich bin eine Banane und komme aus einem warmen Land; es heißt Panama. Die weite Reise habe ich mit dem Schiff gemacht. Arbeiter haben mich zusammen mit anderen Bananen in eine große Kiste gepackt und dann ging es Tage lang über das Meer. Einmal fegte der Sturm mächtig über das Wasser und das Schiff schau-

kelte so sehr, dass mir schlecht wurde. In der dunklen Kiste war es schrecklich langweilig. Nun bin ich ziemlich gespannt darauf, woher ihr alle kommt.«
Der Apfel hat aufmerksam zugehört. Noch nie war er in einem anderen Land und ein wenig packt ihn schon das Fernweh. Auch er will ein wenig von sich erzählen.
»Es muss herrlich sein, in einem so warmen Land zu wachsen und zu reifen. Bei uns scheint die Sonne nicht so oft und die Nächte sind manchmal schrecklich kalt. Doch ich will nicht klagen. Hoch oben am Baum hatte ich eine tolle Aussicht und konnte bis zur Kirchturmspitze im Dorf sehen. Tag um Tag wurde ich größer und die Sonne färbte meine Wangen rot. Bald war ich reif und fiel vom Baum ins weiche Gras. Mit vielen anderen Äpfeln kam ich in einen Korb und ein Lastwagen brachte mich hierher zu euch.«
Die Traube hört nur mit halbem Ohr zu. Sie findet diese Geschichten ziemlich langweilig. Da ist es schon weitaus interessanter, was die hässliche braune Frucht in diesem Korb zu suchen hat. Sie erhebt sich ein wenig und wendet sich der Banane und dem Apfel zu.
»Ich denke, wir können mit Recht auf uns stolz sein. Sind wir nicht gut gewachsen und schön anzusehen? Die Leute kaufen uns gerne und sie lieben unseren Duft und guten Geschmack. Das hässliche Ding da, dessen Name ich nicht mal kenne, will doch keiner! Fragen wir das haarige Etwas doch mal wie es heißt und woher es kommt!«
Banane und Apfel nicken zustimmend. Auch sie hat es verwundert, dass Herr Huber dieses ungepflegte Ding zu ihnen in den Korb legt und dann noch als Geschenk! Neugierig fragen sie deshalb »Was hast du bei uns zu suchen, du siehst so anders aus! Wie heißt du überhaupt? Bist du denn eine Frucht? Sicher schmeckst du so scheußlich wie du aussiehst!«

Die Kiwi weiß, dass sie eine Frucht ist. Ein wenig traurig über diese unfreundlichen Worte dauert es eine Weile, bis sie antwortet: »Ich bin genauso eine Frucht wie ihr und werde Kiwi genannt. Ich weiß, dass mein Äußeres nicht so schön ist, aber in meinem Inneren habe ich ein wunderschönes grünes Fruchtfleisch. Wer mich in der Mitte durchschneidet, kann eine strahlende Sonne sehen, die Sonne Australiens. Das Land, aus dem ich komme, ist am anderen Ende der

Welt. Inzwischen werde ich in viele Länder der Erde verschickt, weil ich vielen Menschen sehr gut schmecke und außerdem bin ich noch gesund.«
Die Früchte können es kaum glauben, dass sich in einer so hässlichen Schale eine so schöne und gut schmeckende Frucht verbergen soll. Da sie noch eine lange Nacht vor sich haben, bitten sie die Kiwi, von ihrem Heimatland zu erzählen. Gerne willigt sie ein und berichtet von den herrlichen Stränden, tropischen Regenwäldern, den putzigen Koalabären und Kängurus, die ihre Babies in einem Beutel tragen. Staunend lauschen die Früchte den wundersamen Geschichten bis sie müde geworden einschlafen. Was glaubt ihr, wovon die Früchte wohl träumen?

Gestalten eines Mandalas
Die Kiwi wird quer durchgeschnitten und die Kinder betrachten den Strahlenkranz, der ein Mandala darstellt. Mit Wasserfarben gestalten die Kinder dieses nach. Dazu brauchen Sie Plakatkarton in beliebiger Farbe, zartgelbes, in eine runde Form geschnittenes Papier, Pinsel, Malfarbe in leuchtendem Grün. Auf die runde Papierform werden als Hilfslinien zwei Kreise und davon ausgehend Strahlen mit Bleistift vorgezeichnet. Der äußere und mittlere Kreis wird grün ausgemalt, dabei bleiben die Strahlen ausgespart. Der Innenkreis zeigt ebenso wie die Strahlen das Zartgelb des Papiers. Im mittleren Kreis werden Kerne von Sonnenblume, Melone, Apfel oder andere Sämereien kreisförmig angeordnet und mit etwas Kleister fixiert. Am Ende wird das kleine Kunstwerk noch auf farbigen Plakatkarton geklebt.

Rollenspiel mit Früchten
Spielerisch setzen sich die Kinder mit dem Entstehen von Vorurteilen auseinander.
Dazu braucht man die in der Geschichte vorkommenden Früchte (Banane, Apfel, Traube, Kiwi), ungiftige Filzstifte und einen flachen Korb.

Mit Filzstiften kann der Banane, dem Apfel und der Kiwi ein Gesicht aufgemalt werden. Vier Kinder setzen sich so um den Tisch, dass die

Zuschauer das Geschehen verfolgen können. Bevor Sie die Geschichte erzählen, entscheidet sich jedes mitspielende Kind, welche Frucht es bei der entsprechenden Textpassage in die Hand nimmt. Wahrscheinlich haben die Kinder Lust dazu, das Spiel zu wiederholen und das Zwiegespräch der Früchte selbst zu übernehmen.
Bis zum nächsten Tag ist das Obst sicher noch frisch und es kann im Freispiel nochmals damit gespielt werden, bevor es verzehrt wird.

Die verlorene Kartoffel

Nach der Kartoffelernte fährt Bauer Bressenkötter die vollen Säcke mit dem Traktor vom Feld zum Bauernhof. Dort werden sie im Keller für die kommenden Monate eingelagert. Doch auf dem holprigen Feldweg kullert eine dicke Kartoffel aus einem löchrigen Sack und plumpst von der Ladefläche auf die Erde.
Ganz benommen schaut sich die Kartoffel um. Sie sieht gerade noch den Traktor um die Ecke verschwinden. »Was mach ich nun? Wie komme ich denn nun zu meinen Kollegen in den Keller? Ich will nicht alleine sein!«, überlegt die Kartoffel. Doch sie hat noch nicht zu Ende gedacht, da kommt schon eine Maus aus dem Maisfeld gelaufen.
»Nimm mich mit, du kleines Tier. Ich will nicht liegen auf dem Wege hier!«, sagt die Kartoffel zur Maus. Diese erwidert schnell: »Ich sammle Körner für mein Versteck, hab keinen Platz für dich, nicht mal ein Eck!« Die Maus packt hurtig ihre Körner zusammen und verschwindet hinter einer alten Mauer.
»Schade, dass mich die Maus nicht mitgenommen hat!«, denkt sich die Kartoffel. Nach kurzer Zeit kommt ein Eichhörnchen den Weg entlang gehüpft. »Nimm mich mit, du schönes Tier. Ich will nicht liegen auf dem Wege hier!«, ruft die Kartoffel dem Eichhörnchen zu. Dieses antwortet rasch:
»Ich sammle Nüsse für mein Versteck, hab keinen Platz für dich, nicht mal ein Eck!« Schnell nimmt das Eichhörnchen seine Nüsse und klettert flink auf eine hohe Eiche. »Schade, dass mich die Maus und das Eichhörnchen nicht mitgenommen haben«, denkt traurig die Kartoffel.

Während sie noch die Kletterkünste des Eichhörnchens beobachtet, kommt ein Hase den Feldweg entlang gelaufen. »Nimm mich mit, du schnelles Tier. Ich will nicht liegen auf dem Wege hier!«, sagt die Kartoffel zum Hasen. Im Weiterhoppeln ruft ihr der Hase zu: »Ich hol mir Möhren für mein Versteck. Hab keinen Platz für dich, nicht mal ein Eck!« Blitzschnell verschwindet der Hase in einem Möhrenfeld. »Schade, dass mich die Maus, das Eichhörnchen und der Hase nicht mitgenommen haben!«, denkt sehr traurig die Kartoffel.
Da schleicht sich schon von hinten ein Fuchs an sie heran. »Nimm mich mit, du schlaues Tier. Ich will nicht liegen auf dem Wege hier!«, ruft die Kartoffel dem Fuchs zu. Aber dieser flüstert: »Ich hol mir 'ne Gans für mein Versteck. Hab keinen Platz für dich, nicht mal ein Eck!« Leise schleicht der Fuchs in Richtung Bauernhof davon. »Schade, dass mich die Maus, das Eichhörnchen, der Hase und der Fuchs nicht mitgenommen haben«, denkt die verzweifelte Kartoffel.
Plötzlich hört sie ein leises Pfeifen, das allmählich lauter wird. Da kommt auch schon ein Mädchen den Weg entlang und bleibt vor der Kartoffel stehen. »Hoffentlich nimmt mich das Mädchen mit nach Hause. Ich will nicht länger alleine auf der Erde liegen«, wünscht sich die Kartoffel. Daraufhin bückt sich das Mädchen, nimmt die Kartoffel in die Hand und erklärt: »Dich kann ich sehr gut gebrauchen. Morgen wollen wir im Kindergarten Kartoffeltheater spielen. Du bist so hübsch, du kannst ja den Kasper spielen. Ich stecke dich auf einen Stab, setze dir aus rotem Stoff eine Zipfelmütze auf und ein Salatblatt wird deine Halskrause.« Das Mädchen steckt die Kartoffel in seine Jackentasche und läuft nach Hause.
Die ganze Nacht über liegt die Kartoffel in der weichen warmen Jackentasche. Sie freut sich sehr auf den nächsten Tag und träumt von ihrem Auftritt als Kartoffelkasper.

Spielanregung

Diese Geschichte regt zum Spiel der verschiedenen Rollen an. Die Kinder können sich den Text leicht merken, weil er sich einerseits reimt und andererseits öfter in der Geschichte wiederholt wird. Durch die Aufzählung der Tiere, die die Mitnahme der Kartoffel verweigern, wird das Erinnerungsvermögen der Kinder geschult.

Angeregt durch diese Geschichte, stellen die Kinder sicherlich mit großer Freude Stabpuppen aus Kartoffeln her. Mit etwas Fantasie und Geschick entstehen aus Zwiebeln, Paprika und anderem Gemüse lustige Figuren, die miteinander spielen können. Damit die Lebensmittel nicht verderben, können die Kinder eine Gemüsesuppe aus ihren Puppen zubereiten.
Maria Roeßler

Das Rübchen will nicht heraus

Großvater hat ein Rübchen gepflanzt und sagt zu ihm: »Wachse mein Rübchen, wachse, werde groß, dick und süß!«. Das Rübchen wächst und wächst und wird eines Tages groß, dick und süß. Der Großvater will es herausziehen. Er packt das Rübchen am Schopf, er zieht und zieht, aber er kann es nicht herausziehen. »Großmutter hilf mir!«, ruft der Großvater. »Ich kann das Rübchen nicht herausziehen!«
Da hält sich die Großmutter beim Großvater fest und beide ziehen am Rübchen jetzt, aber sie können es nicht herausziehen.
»Enkel komm und hilf uns!«, ruft die Großmutter. »Wir können das Rübchen nicht herausziehen!«
Da hält sich der Enkel bei der Großmutter fest, die Großmutter hält sich beim Großvater fest, und alle drei ziehen am Rübchen jetzt. Aber sie können es nicht herausziehen!
»Hündchen, komm und hilf uns!«, ruft das Enkelkind. »Wir können das Rübchen nicht herausziehen!«

Da hält sich das Hündchen beim Enkel fest, der Enkel hält sich bei der Großmutter fest, die Großmutter hält sich beim Großvater fest und alle vier ziehen am Rübchen jetzt. Aber sie können es nicht herausziehen!
»Kätzchen, komm und hilf uns!«, ruft das Hündchen. »Wir können das Rübchen nicht herausziehen!«
Da hält sich das Kätzchen am Hündchen fest, das Hündchen hält sich beim Enkel fest, der Enkel hält sich bei der Großmutter fest, die Großmutter hält sich beim Großvater fest, und alle fünf ziehen am Rübchen jetzt. Aber sie können es nicht herausziehen!
»Mäuslein, komm und hilf uns!«, ruft das Kätzchen. »Wir können das Rübchen nicht herausziehen!«
Da hält sich das Mäuslein am Kätzchen fest, das Kätzchen hält sich am Hündchen fest, das Hündchen hält sich am Enkelkind fest, das Enkelkind hält sich an der Großmutter fest, die Großmutter hält sich am Großvater fest, und alle sechs ziehen am Rübchen jetzt.
Sie ziehen und ziehen – schwupps, ist das Rübchen heraus und das Märchen ist aus.

Spielanregung
Dieses Märchen spricht mit seinen zahlreichen Wiederholungen schon die Jüngsten an. Gerne wird es im Rollenspiel nachgeahmt. Besonders reizvoll ist das Spiel mit Handpuppen. Was sich nicht im Bestand des Kindergartens findet, bringen die Kinder von zu Hause mit. Sollte das eine oder andere Tier fehlen, kann mit wenig Aufwand eine Sockenpuppe hergestellt werden. Für die Rübe fertigen Sie eine Schablone an und übertragen diese auf weißen Filz. Die Rübenform wird zweifach ausgeschnitten. Sie wird so zusammen genäht, dass oben eine Öffnung bleibt, in die das Füllmaterial gegeben wird. Bevor Sie die Öffnung schließen, schneiden Sie noch ein paar Blätter aus grünem Filz aus, stecken diese in die offene Stelle und nähen sie mit fest.

Brot für fünftausend Menschen

Jesus zog mit seinen Jüngern über das Land und erzählte den Menschen von der Liebe Gottes. Er tröstete traurige Menschen, heilte Kranke und gab Hungernden zu essen. Immer mehr Menschen folgten

Jesus auf dem Weg, um ihm nahe zu sein. Eines Tages wollte er mit seinen Freunden allein sein. Er fuhr gemeinsam mit ihnen in einem Boot auf die andere Seite des Sees, um sich auszuruhen und zu essen. Doch als sie am anderen Ufer ankamen, wurden sie schon von vielen Menschen erwartet. Frauen und Männer mit ihren Kindern winkten Jesus zu und riefen: »Schaut, da kommt Jesus unser Meister!«
Jesus sah die vielen Menschen. Konnte er sie wegschicken? Nein, dachte er, sie brauchen mich.
Er stieg aus dem Boot und ging zu ihnen. Männer, Frauen und Kinder umringten ihn. Jesus hörte sich geduldig ihre großen und kleinen Sorgen an und spendete Trost. Viele Stunden vergingen und es wurde Abend. Da sagten die Freunde: »Meister, es ist Zeit, dass du die Leute nach Hause schickst. Wir sind hungrig und möchten gerne mit dir zu Abend essen.« Darauf entgegnete Jesus »Warum sollen sie weggehen? Wir können hier doch alle gemeinsam essen!« Die Freunde blickten ihn verwundert an. »Das geht nicht, wir haben nur fünf Brote und zwei Fische bei uns. Das reicht gerade für uns, aber nicht für so viele Menschen. Es sind sicher Tausende!« »Seid ohne Sorge«, erwiderte Jesus »Gebt mir das, was ihr bei euch habt!«
Dann nahm er das Brot und dankte Gott, seinem Vater, dafür. Er und seine Freunde brachen ein Brot nach dem anderen in Stücke und verteilten es. Ebenso gaben sie allen vom Fisch. Zu ihrem großen Erstaunen reichte es für alle, ein jeder der 5000 Menschen wurde satt. Es blieb sogar noch etwas übrig und die Freunde Jesu sammelten die Reste wieder in ihre Essenskörbe. Alle dankten Jesus für seine Güte und dieses wunderbare Geschenk.
nacherzählt nach Markus 6,30–44

Vertiefung
Die Kinder werden spontan auf diese Erzählung reagieren. Während einige Kinder an das Wunder glauben, werden andere, vor allem ältere, Zweifel anmelden. Äußerungen wie »Das kann doch nicht sein. Fünf Brote und zwei Fische reichen niemals für 5000 Menschen!«, stehen im Raum.

Hier ist es wichtig, den Kindern zu vermitteln, dass Gottes Liebe und der Glaube an ihn vieles möglich macht. Nicht alles können wir Menschen verstehen oder erklären.
Diese Geschichte kann uns zum Helfen und Teilen anregen. Die Kinder überlegen, was sie tun können, wenn ein Kind keine Brotzeit dabei hat. Vielleicht kennen sie auch Familien in der Nachbarschaft, die Not leiden und Hilfe benötigen oder aber sie wissen von Berichten aus dem Fernsehen über notleidende Kinder in aller Welt. Da bietet sich eine Patenschaft bei der Kindernothilfe oder einem anderen kirchlichen Hilfsprojekt an, vielleicht finanziert durch einen Herbstmarkt, dessen Verkaufserlös gespendet wird.

Herbstgeschichten selbst erfinden

Die Kinder sammeln beim Spaziergang allerhand Herbstliches: Früchte, Gräser, Kastanien, Eicheln, Bucheckern und vieles mehr.
Jedes Kind bringt in den Stuhlkreis ein Sammelstück mit. Das erste Kind beginnt mit zwei, drei Sätzen eine Geschichte zu erzählen, in der sein Gegenstand vorkommt und legt diesen auf ein Tuch in der Mitte. Das nächste Kind spinnt die Geschichte dann mit seinem Mitbringsel weiter, bis alle dran waren. Die Geschichte könnte beispielsweise so beginnen:
»Der Herbstwind bläst in die Äste und wirbelt die **Blätter** von den Zweigen. Hoch oben am Baum hängt noch einsam ein **Apfel** …«
Oder »Fritzi und Lena wollen morgen im Kindergarten basteln. Sie suchen **Kastanien** und **Eicheln**.«
Diese fantasievolle Geschichte könnte auch auf Tonband aufgenommen oder von den Kindern gespielt werden.

Kindergebete zum gemeinsamen Mahl

Lieber Gott, ich danke dir,
dass du bist so gut zu mir,
was ich habe, kommt von dir,
was ich brauche, gibst du mir.
Was ich sehe, ruft mir zu:
Lieber Gott, wie gut bist du!

Alle guten Gaben,
alles, was wir haben,
kommt, o Gott, von dir.
Dank sei dir dafür.

Ich habe satt zu essen
und Schuh und Kleider auch
und Menschen, die mich lieben,
und was ich sonst noch brauch.

Ich dank dir, Gott, für alles,
du machst mich reich
und froh.
Doch lass mich nicht vergessen,
dass Kinder anderswo
vielleicht am Abend weinen
und hungrig sind und arm.
Gott, du kannst vieles machen:
Gib, dass sie wieder lachen,
und mach sie satt und warm.
Renate Schupp

Ich bin so hungrig wie ein Bär,
mein Magen knurrt
und ist so leer.
Darum wollen wir jetzt essen
und das Danken nicht vergessen.

Für dich und für mich
ist der Tisch gedeckt.
Wir wünschen uns,
dass es allen schmeckt.
Guten Appetit!

Herbsträtsel

Mich sammelt gerne groß und klein
und frisst vergnügt
das wilde Schwein.
(Die Eichel)

Der arme Tropf hat einen Hut
und keinen Kopf und hat dazu
nur einen Fuß und keinen Schuh.
(Der Pilz)

Erst ist es grün, dann gelb
und rot, und fliegt es weg,
dann ist es tot.
(Das Laub)

Es sitzt auf einem Stöckchen,
hat ein rotes Röckchen
und das Bäuchlein voll Stein',
was mag das wohl sein?
(Hagebutte)

Viele runde Häuschen, die
sind an meinem Strauch.
Was drinnen ist, mein Mäus-
chen, isst du recht gern –
ich auch!
(Haselnuss)

Wer ist so klug, wer ist so
schlau, dem schüttel ich
was vom Bäumchen;
ist innen gelb und außen blau,
hat mitten drin ein Steinchen.
(Pflaume)

Im Häuschen mit fünf Stüb-
chen, da wohnen braune Büb-
chen; nicht Tür noch Tor führt
ein und aus, wer sie besucht,
verzehrt das Haus.
(Apfel)

Er braucht keinen Hafer und
auch kein Stroh. Man treibt
ihn nicht mit Hü und Ho. Er ist
viel stärker als ein Pferd, wird
von den Bauern hoch begehrt.
(Der Traktor)

Dort auf dem Wege liegt
etwas, 's ist rund und
glänzend braun. Vorher war's
grün und hing ganz fest
an unserm dicken Baum.
(Kastanie)

Stacheln hab ich wie ein Igel.
Ei, sieht das nicht lustig aus?
Purzle ich vom Baum herunter,
springt ein braunes Männlein
raus.
(Kastanie)
Marga Arndt / Waltraud Singer

Wer mich will zum Essen
haben, muss mich aus der
Erde graben,
muss mich waschen, muss mich
pellen,
mir die braune Haut abschälen,
muss mich kochen. Aber dann –
isst mich gerne jedermann.
Aus mir, und das ist kein Witz,
macht man Chips und auch
Pommes frites.
(Kartoffel)

Innen rot und außen rot.
Ich schmecke gut auf Butter-
brot.
Du kannst mich in feine
Scheiben schneiden
und mit mir einen Salat bereiten.
Rotes Fruchtfleisch, gelbe Kerne.
Jeder, jeder isst mich gerne.
(Tomate)
Rolf Krenzer

Spielanregung zur Rätselstunde

Gestalten Sie mit Ihrer Kindergruppe eine fröhliche Rätselstunde. Eine originelle Verpackung der Rätsel ist nicht nur hübsch anzusehen, sondern sorgt für zusätzliche Spannung, da diese erst ausgepackt werden müssen. Zur Herbst- und Erntedankzeit könnte in der Mitte des Kreises ein Zweig in einer Vase stehen. An ihm hängt Obst, das in Faltschnitttechnik hergestellt wurde. Ein Band, zur Schleife gebunden, hält beide Teile zusammen. Auf der Innenseite des Apfels oder der Birne befindet sich das Rätsel. Nun wird Obst für Obst vom Früchtebaum genommen und das jeweilige Rätsel von den Kindern erraten. Das Kind, das als erstes die Lösung weiß, darf das Rätsel behalten und es mit nach Hause nehmen.

Vertumnus von Arcimboldo – Bildbetrachtung

(1590, Skoklosters Slott, Schweden)

Auf dem Gemälde »Vertumnus« sind Blumen, Früchte, Gemüse und Getreide fantasievoll zu einem menschlichen Brustbild arrangiert. Arcimboldo zeigt auf diese Weise die ganze Fülle der Natur. Das Thema »Erntedank« wird durch diesen Beitrag aus der Kunst bereichert.

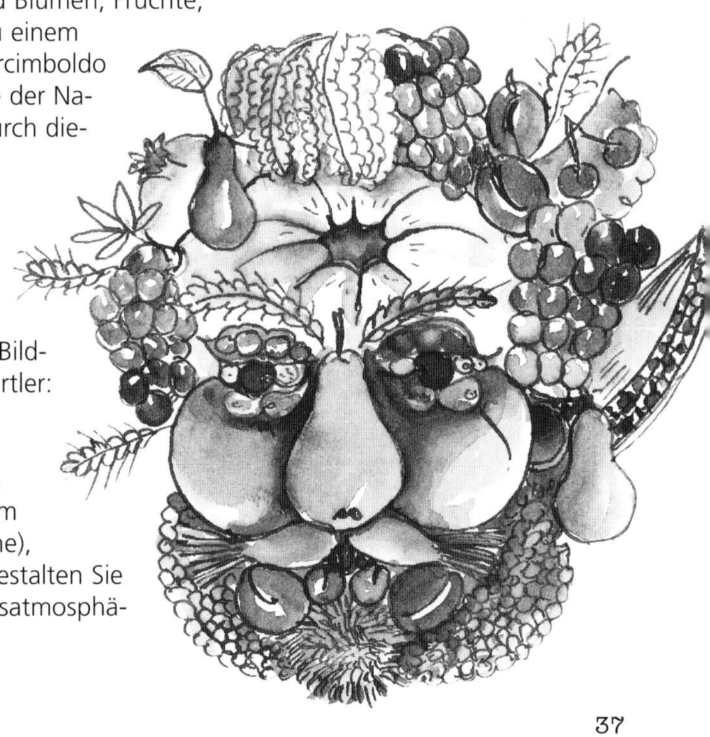

Vorbereitung

Besorgen Sie einen Kunstdruck oder ein Dia des Gemäldes oder eine gute Abbildung in einem Kunstbildband (→ Dia mit Tipps zur Bildbetrachtung im Buch: Cordula M. Pertler: Kinder erleben große Maler, 4. Aufl., Don Bosco Verlag, München 2001), und stellen Sie verschiedene Früchte, Gemüse, Getreide, so wie sie auf dem Gemälde zu sehen sind (oder ähnliche), ein Körbchen und ein Tuch bereit. Gestalten Sie den Raum so, dass eine Betrachtungsatmosphäre geschaffen wird.

Einstieg

Die Kinder fühlen die Früchte im zugedeckten Körbchen und beschreiben ihre Form. Jüngere Kinder zeigen diese mit ihren Händen. Nun wird das Tuch entfernt, und ein Gespräch über die Erntezeit kann sich anschließen. Stellen Sie nun eine Überleitung zum Bild her.

Durchführung

Die Kinder enthüllen das Bild und finden es sicher lustig, zu entdecken, was Arcimboldo alles gemalt hat. Die vielen Früchte und Blumen werden benannt und beschrieben. Betonen Sie die Vielfalt der Früchte, der Formen und Farben. Die Kinder können auch überlegen, warum der Maler wohl die eine oder andere Frucht für einen speziellen Gesichtsteil verwendet haben mag.

Beispielfragen

E: Ich habe euch heute ein Bild mitgebracht, auf dem unsere Früchte aus dem Körbchen zu sehen sind, ja und eigentlich noch viel mehr. Wisst ihr die Namen dieser Früchte?

K: Weintrauben, Birne, Mais, Blumen … das ist ein Mensch, das ist ein Mann …

E: Ja, wir sehen viele Blumen, Obstsorten, Gemüsesorten und seht einmal genauer hin, was steht vom Kopf weg, wie nennt man das?

K: Getreide …

E: Welche Früchte gehören hier zum Begriff Obst?

K: Birne, Trauben, Kirschen …

E: Und welche Früchte gehören zum Gemüse?

K: Zwiebel, Aubergine, Kohl …

E: Ja, genau, und vorher hattet ihr gesagt, ihr seht einen Mann, einen Menschen auf diesem Bild. Richtig, der Maler hat sich hier nämlich einen Spaß erlaubt. Er hatte die Idee, für die Gesichtsteile und den Oberkörper jeweils eine passende Frucht oder Blume zu wählen. Was ist der Oberkörper? Zeigt an euch euren Oberkörper.

Kinder zeigen an sich den Oberkörper und ein Kind zeigt ihn auf dem Bild.

Der Reihe nach werden die Gesichtsteile in ihrer Form und die vom Maler verwendete Frucht miteinander verglichen. Die Kinder überlegen, warum der Maler die eine oder andere Frucht als Nase, als Mund usw. verwendet haben mag, und sie finden es sicher lustig, was der Maler so alles an Ideen bei diesem Bild verwirklichte.
Die Kinder erzählen was wo wächst und wie es schmeckt.

Abschluss und Transfer

Die Erzieherin weist auf die Vielfalt der Geschenke hin, die die Natur für uns hat und auf die Bedeutung der Früchte als Nahrung für uns.
Die Kinder finden einen Namen für das Bild.
Die Erzieherin teilt den Originaltitel mit und lässt die Kinder begründen, warum dieser Titel geeignet ist. Der Bezug zum Herbst und zur Erntezeit wird damit wieder hergestellt.

Sonnenblumen von Vincent van Gogh – Bildbetrachtung

(Arles, August 1888, Neue Pinakothek München)

Vorbereitung

Raum vorbereiten, Betrachtungsatmosphäre schaffen

Material

Kunstdruck, Kunstbildband oder Dia, Sonnenblumenkerne und ein Schälchen (→ Dia mit Tipps zur Bildbetrachtung im Buch: Cordula M. Pertler: Kinder erleben große Maler, 4. Aufl., Don Bosco Verlag, München 2001)

Einstieg

Die Kinder sitzen im Halbkreis auf dem Boden, falten die Hände zu einer Schale und schließen die Augen. Der Erwachsene legt jedem Kind einen Sonnenblumenkern in die Hände. Die Kinder befühlen diesen, sie öffnen auf Anweisung die Augen, betrachten den Kern und beschreiben seine Form, sein Aussehen, die Farbe, die Eigenschaften usw. Ein Kind sammelt nun die Kerne wieder ein. Der Erwachsene gibt den Hinweis, dass jedes Kind zum Schluss wieder einen Kern bekommt. (Bei Diabetrachtung darf ein weiteres Kind die Vorhänge schließen, ein anderes Kind den Projektor einschalten. Die Kinder wenden sich neugierig dem Dia zu.) Der Erwachsene beginnt mit gezielten Fragen die Erarbeitung des Gemäldes.

Beispielfragen zur Durchführung

E: Was seht ihr hier auf diesem Bild, Kinder?
K: Ein Gemälde, eine Vase mit Blumen, einen Blumenstrauß ...
E: Wisst ihr, wie diese Blumen heißen?
K: Sonnenblumen ...
E: Warum heißen die wohl Sonnenblumen, kann das jemand von euch erklären?
K: Weil sie wie die Sonne aussehen, weil sie sich nach der Sonne drehen ...
E: Was haben sie eurer Vorstellung nach mit der Sonne gleich?
K: Die Strahlen, die Farbe, die Sonne ist auch gelb ...
E: Ja, ganz genau! Die Sonnenblume hat, genau wie die Sonne, im Sommer die meiste Kraft. Da wächst und wächst sie, bekommt starke Blätter und der innere Teil wird größer und größer. Was glaubt ihr, was da im inneren Teil der Blüte so wächst?
K: Die Sonnenblumenkerne ...
E: Was ist das, wie kann man dazu noch sagen?
K: Das ist der Samen der Pflanze, Vogelfutter ...
E: Wer weiß, wer diese Samen brauchen kann?
K: Die Vögel, die Vögel im Winter ...
E: Ja richtig! Für die Vögel ist das im Herbst und Winter das Futter. Aber wie kommen sie zu diesem Futter?
K: Wir streuen das auf das Fensterbrett, wir legen es in das Vogelhäuschen im Garten, wir streuen es in das Futterhäuschen auf dem Balkon ...
E: Überlegt einmal ganz genau, wie die Vögel in freier Natur zu diesen Körnern kommen, wenn ihnen die Menschen nun keine streuen?
K: Die Vögel fliegen zur Sonnenblume, zu den Feldern; zur Sonnenblume im Garten, die wir dort stehen lassen ...

E: Genau, die Vögel holen sich die Körner direkt von der Blume. Wer beschreibt einmal, wie das die Vögel so machen, wer hat das schon einmal beobachten können?

Kinder beschreiben dies, ahmen es mit ihrem Handeln nach und erzählen von ihren Erlebnissen.

E: Könntet ihr Kinder die Körner auch aus der Mitte herausholen? Überlegt einmal!

K: Ja!

E: Stellt euch einmal vor, ob das wirklich so geht. Wie groß ist die Blume? Steht einmal auf und zeigt mir das, wie hoch die Sonnenblumen wachsen!

Kinder recken und strecken sich entsprechend.

E: Die Sonnenblumen können sehr hoch werden, – ich habe zwar noch keine so großen gesehen, aber in einem Buch steht, dass sie so hoch wie unser Zimmer werden können (bis zu drei Metern).

K: So hoch!?...

E: Wie hoch könnten diese da in der Vase einmal gewesen sein? Überlegt einmal und zeigt mir das.

Kinder zeigen das mit ihren Händen und recken und strecken sich.

E: Schaut nun wieder die Sonnenblumen in der Vase an, sehen die alle gleich aus?

K: Nein, die sind braun, die anderen aber gelb!

E: Ein Kind darf aufstehen und die braunen zeigen, ein anderes die gelben Blumen.

E: Warum glaubt ihr, sind die einen so braun, was haben die, was die gelben noch nicht haben?

K: Kerne, ja, Kerne vielleicht ...

E: Ja, die braunen haben schon die Kerne, die gelben sind noch in voller Blüte. Was glaubt ihr, warum der Maler diese großen Blumen abgeschnitten und in diese Vase gesteckt hat?

K: Damit die Wohnung schön ist, weil er sie mag, damit er sie malen kann ...

E: Ja, der Maler hatte diese Blumen oft in freier Natur gemalt. Dort auf den riesigen Feldern, wo die Sonnenblumen wachsen. Aber Ihr müsst Euch vorstellen, diese blühen nur im Sommer und in der großen Sonnenhitze hätte der Maler es nicht immer so lange aushalten können, bis das Gemälde fertig geworden wäre. Wenn er auf dem Felde malte, hatte er meist einen großen Strohhut auf, um sich vor der Sonne zu schützen. Er malte die Sonnenblumen jedoch unzählige Male und da hatte er sich diese auch zu sich nach Hause geholt, um ein Bild davon zu malen. Schaut einmal genau hin, wie hatte er sie in der Vase angeordnet, wie stecken sie in der Vase?

K: Die braunen Blumen links unten, die gelben oben …

E: Wo schauen sie hin?

K: Zu uns, alle in dieselbe Richtung …

E: Ja, wie in der Natur auch, sie schauen alle in dieselbe Richtung, nämlich zur Sonne.

E: Seit einiger Zeit gibt es auch in manchen Gegenden bei uns Sonnenblumenfelder. Was glaubt ihr, warum so viele Sonnenblumenfelder angelegt werden?
Denkt einmal an Papa oder Mama, wozu brauchen die etwas von den Sonnenblumen im Haushalt?

K: Sonnenblumenöl …

E: Ja, richtig, aus den Körnern wird Öl gepresst, und wozu verwendet man das?

K: Zum Kochen …

E: Genau, zum Kochen, aber auch zur Herstellung von Sonnenblumenmargarine.
Der Bäcker braucht auch Sonnenblumenkerne. Wofür, was glaubt ihr?

K: Für Brot, für Brötchen …

E: Wir werden in den nächsten Tagen auch Sonnenblumen-Brötchen backen und wer mag, darf sich sein Brötchen mit Sonnenblumenmargarine oder mit Butter bestreichen. Dann gibt es ein kleines Festessen.

Abschluss und Transfer

E: Die Sonnenblume blüht den ganzen Sommer in voller Pracht, wir freuen uns über ihren Anblick, über die herrlichen Blüten und die Größe. Ja, und im Herbst gibt sie ihre Samenkörner her, sie schenkt sie den Vögeln und uns.

Ist das nicht ein Glück? Sie bekommt etwas von der Natur, nämlich Wasser und Sonnenkraft und lässt daraus etwas Neues entstehen, das sie nicht für sich behält, sondern verschenkt. Wenn wir daran denken, was könnten wir der Sonnenblume nun sagen?
Die Kinder suchen zum Abschluss Worte der Freude, des Staunens, des Dankes …

Fantasiereise »Sonnenblumen«

Diese Fantasiereise kann im Anschluss an die Bildbetrachtung durchgeführt werden oder als eigenständiges Angebot stehen. Auch eignet sich dieser Text sehr gut für einen Ausdruckstanz. Die Kinder setzen alles Gehörte in Bewegung um.
Mit dieser Fantasiereise und der Bildbetrachtung können sich die Kinder als starke und schöne Sonnenblume fühlen, sie identifizieren sich mit den positiven Eigenschaften. Sie erfahren, was die Pflanze zum Wachsen und Gedeihen braucht. Bewusst erleben sie die Bedeutung und den Nutzen der Sonnenblume für Mensch und Tier: Die Sonnenblume nimmt die Energie der Sonnenkraft auf, verwandelt diese, strahlt in ihrer Schönheit und trägt reiche Frucht, die sie dann an die Menschen und Tiere selbstlos weitergibt.

Durchführung
Die Kinder sitzen am Boden im Kreis. Sie schließen die Augen und falten die Hände zu einer Schale. Jedes Kind bekommt einen Sonnenblumenkern. Die Kinder öffnen die Augen und besprechen das Aussehen des Kerns.

Die Kinder legen sich bequem auf den Boden, schließen wieder die Augen und halten den Kern fest in der Hand.

»Du fühlst Dich wohl, du liegst in der Erde, wo es dunkel und warm ist. Draußen ist es Winter und kalt. Aber die Mutter Erde schützt dich vor dieser Kälte.«

Allmählich ist es Frühling geworden, die Sonne und auch der Regen dringen stärker in die Erde ein. Sie geben dir Energie. Deine Hülle wird dir zu eng, aber du hast nun viel Kraft, diese zu sprengen. Die Sonne wird immer stärker und somit auch du.

Aus dem Korn, das du bist, entsteht eine kleine Pflanze. Du bildest Wurzeln, die immer stärker werden und sich in der Erde verankern, du sprießt durch die Erde an die Luft und genießt die Sonnenstrahlen. Du fühlst dich sehr wohl, entwickelst dich glücklich und strebst dem Licht entgegen.

Dein Stamm wird immer stärker, die Blätter werden immer größer, deine Knospe entfaltet sich jeden Tag mehr zu einer wunderschönen gelben Blüte. Du gleichst immer mehr der Sonne und bist glücklich und zufrieden. Du genießt den Regen und die Sonnenstrahlen. Deine Blüte wandert mit Genuss den ganzen Tag der Sonne nach.
Du wächst und wächst bis du so groß bist, dass du alle anderen Blumen um Dich herum überragst.

Eine starke Energie strahlt von dir aus. In deiner Mitte wachsen Körner. Du freust dich, bist glücklich. Du bekommst von der Natur Sonne, Wärme, Regen, aus denen du Körner und deine ganze Größe entwickeln konntest. Du gibst deine Körner als Geschenk an die Menschen und Tiere weiter.

Du öffnest nun die Augen reckst und streckst dich, du schaust dich um, betrachtest deinen Kern in der Hand und schenkst ihn einem anderen Kind.

Aktionen und Meditationen

Herbstspaziergang

Der Herbst ist die schönste Zeit, um mit Kindern Ausflüge zu machen, auf denen sie beobachten und sammeln können, was die

Natur hergibt. Die Umgebung verändert sich täglich, gerade im bunten Herbst bleibt dies keinem kindlichen Auge verborgen. Die Erzieherinnen geben den Kindern die Gelegenheit, all diese wunderschönen Erscheinungen bewusst zu erleben und sich daran zu erfreuen. Reizvoll ist es, einmal zu den unterschiedlichsten Tageszeiten hinaus zu gehen.
Schon früh morgens, wenn die Kinder kommen, lässt sich im Garten so allerhand entdecken. Pflanzen und Spinnweben, die dicht vom Tau überzogen sind. Tautropfen an unseren letzten Äpfeln, die noch am Baum hängen, oder Tautropfen an einer Rose bieten einen faszinierenden Anblick. Die Erde, vom Herbstregen getränkt, riecht würzig. Beim Spaziergang am Nachmittag rascheln wir durch das Laub, lassen es hoch wirbeln und schauen zu, wie es wieder zu Boden schwebt. Wunderschöne Blätter in den verschiedensten Farben und Formen, blitzblanke Kastanien, die neben ihren stacheligen Schalen liegen und andere Dinge des Herbstes sammeln wir in unsere selbstbemalten Taschen. Die Sammelleidenschaft der Kinder kennt keine Grenzen. Wir entdecken seltsam aussehende Samenkapseln, Schoten und Blütenstände. Vorsichtig und behutsam muss damit umgegangen werden, einmal, damit sich die Kinder nicht verletzen und damit die Pflanze nicht verletzt wird.
Die Kastanien und Eicheln werden zu Hause geteilt. Ein Körbchen behalten wir zum Basteln, denn die Kastanien-, Eichel- und Blättermännchen gehören zu den schönsten Naturspielsachen der Kindheit. Ein Körbchen brauchen wir zum Spielen in der Puppenecke, und den größeren Teil bringen wir später zum Förster oder im Winter direkt in den Wald für die Rehe. Alle anderen gesammelten Materialien werden benannt und in Kistchen und Körbchen sortiert. Die weitere Verwendung wird besprochen, sicherlich haben die Kinder schon einige Ideen und warten freudig auf die Eröffnung der Herbstwerkstatt.

Einmal gehen wir warm eingepackt auch im Herbststurm hinaus und lassen uns ganz bewusst den Wind um die Nase wehen, hören zu wie er heult und welche Geräusche er in der Umwelt erzeugt. Wir breiten die Arme aus und schließen die Augen, stehen ganz fest auf dem Boden und genießen den Sturm. Zu Hause angekommen wärmen wir uns mit heißem Apfelsaft oder Tee und hören aus Vivaldis »Die vier Jahreszeiten« den »Herbst«.

Farbspaziergang in der Natur

Die Kinder bilden Kleingruppen und ziehen verdeckt eine Farbkarte. Haben sie die Farbe Rot gezogen, so sammeln sie in der Natur alles, was rot ist. Eifrige Diskussionen werden entstehen, wo befindet sich die Grenze zwischen Rot, Lila und Blau zum Beispiel, wer darf was mitnehmen?
Zuhause werden die Mitbringsel benannt und vielleicht zu einer farblich prächtigen Herbstcollage auf ein Brett geklebt.

Farbspaziergang auf dem Markt

Wie oben beschrieben bilden die Kinder Farbgruppen und suchen nach allen erdenklichen Nahrungsmittel in ihrer Farbe und kaufen diese auch ein. Der Gemüsehändler hat hoffentlich Verständnis, wenn wir von dem einen oder anderen nur ein Stück kaufen.
Zu Hause wird ein Obstsalat oder eine Gemüsesuppe daraus. – Oder Sie kaufen alle Zutaten für ein »Farbessen« ein. (→ Genaueres darüber in der Herbstküche Seite 91)

Wir ernten Heu

Die Kinder dürfen selbst das Gras im Garten der Kita mähen. Sie übernehmen alle anfallenden Arbeiten, wie Heu wenden, rechen und aufhäufen. Es darf auch im Heu getobt und gespielt werden. Die Kinder fühlen den Unterschied des Heues zum frischen Gras, nehmen den Duft des frisch gemähten Grases und den des Heues genüsslich wahr. In kleine Säcke verpackt bringen es die Kinder später in den Wald, als Futter für Hasen und Rehe. Und vielleicht begegnen sie bei dieser guten Tat auch dem Nikolaus …?

Wir unterstützen Hilfsprojekte

Gespräche über den Sinn des Erntedankfestes und über hungernde Kinder in aller Welt sollten vorausgehen, bevor eine Hilfsaktion gestartet wird. In Absprache mit den Eltern bringen Kinder Obst von zu Hause mit, das gemeinsam liebevoll in Körbchen verpackt und dann Asylantenkindern in der Stadt überreicht wird. Der Erlös eines Erntemarktes wird an ein kirchliches Hilfsprojekt übergeben, um sicher zu gehen, dass die Spende auch ankommt. Vielleicht übernimmt die Kita-Gruppe eine Patenschaft für ein asiatisches, afrikanisches oder indisches Kind. Somit werden Essen, Kleidung und ein Schulplatz gesichert. Über einen Briefwechsel kann hier auch ein persönlicher Kontakt aufgebaut werden.

Mandalas entdecken und gestalten ...

Mandalas finden sich überall in der Natur: Ringe auf einer Baumscheibe, Wasserringe durch einen aufprallenden Stein, ein Spinnennetz. All das sind Mandalas, Bilder, Gegenstände, die eine Mitte haben und sich von diesem Zentrum her oder zur Mitte hin entwickeln. Mandalas sind also einfache Kreisbilder, die sich um eine zentrische Mitte anordnen und durch den Kreis geschlossen werden. Das Sanskritwort bedeutet Kreis und bezeichnet im engeren Sinne Meditationsbilder, wie sie im Lamaismus und im tantrischen Yoga benutzt werden. Der Kreis ist etwas sehr einfaches und zeigt gerade in seiner Schlichtheit große Wirkung.

... mit Früchten

Bei dieser Aktion sind alle Kinder der Gruppe aktiv eingebunden. Den Mittelpunkt des Mandalas bildet ein Kürbis. Um ihn herum werden kreisförmig Früchte des Gartens oder Feldes gelegt. Das Lied »Seht, was wir geerntet haben« (→ S. 80) begleitet das gemeinsame Tun. Getreide- oder Strohhalme als Sonnenstrahlen vollenden das Bild einer Früchtesonne. Sicher sind alle stolz auf ihr Werk und ein Foto ist eine schöne Erinnerung. Einige Tage später sind die Kinder dann gerne bereit, die Früchte zu verarbeiten. Aus den Äpfeln wird Apfelgelee gemacht oder sie finden als leckerer Belag für einen Blechkuchen Verwendung. Der Kürbis schmückt noch eine Weile den Gruppenraum und wird zu Halloween gebraucht, um eine Geisterlaterne daraus zu basteln. Vielleicht wollen die Kinder auch eine schmackhafte Kürbissuppe kochen. Die Maiskolben werden gekocht und über offenem Feuer gegrillt, die Esskastanien im Herd geröstet.

Das braucht man

Gelbe, rote, grüne Äpfel, Walnüsse, Haselnüsse, Esskastanien, Kürbis, Maiskolben, Getreide- oder Strohhalme, gelbes Tuch, Triangel

Legen einer Früchtesonne

In der Mitte des Kreises liegt das gelbe Tuch, dessen Ecken so eingeschlagen werden, dass eine runde Form entsteht. Das Tuch dient als Unterlage für die Früchte. Äpfel, Birnen, Nüsse liegen nach Sorten getrennt ebenso bereit wie Strohhalme und Triangel.
Mit den Kindern wird gemeinsam überlegt, in welcher Reihenfolge die Früchte gelegt werden. Bei kleinen Kindern sprechen am besten Sie den begleitenden Text. Die Großen können das schon selbst übernehmen und formulieren vielleicht einen eigenen Text.
Nun stimmen Sie das schon zuvor eingeübte Lied an »Seht, was wir geerntet haben« (→ S. 80)
Nun tragen Sie den Kürbis und legen ihn in die Mitte des Tuches. Sprechen Sie dazu in etwa folgenden Text: *»Ich bringe einen Kürbis. Aus einem kleinen Kern ist er gewachsen. Die Sonne hat ihm Kraft gegeben, so groß und schwer zu werden.«*
Alle singen: »Seht, was wir geerntet haben«.
»Ich bringe einen Maiskolben. Es dauert lange bis die vielen kleinen Körner goldgelb in der Sonne heranreifen. Mais ist gesund und wir lieben alle Popcorn und Cornflakes mit Milch.«
Maiskolben werden strahlenförmig um den Kürbis angeordnet.
Alle singen: »Seht, was wir geerntet haben«.
Ich bringe eine Nuss. Die Nuss verbirgt sich in einer harten Schale, die man erst knacken muss. Doch allen Kindern schmecken Nüsse gut.
Mit Nüssen werden die Räume zwischen den Maiskolben aufgefüllt.
Alle singen: »Seht, was wir geerntet haben«.
»Ich bringe einen Apfel. In seinem Innern trägt er viele Kerne. Aus jedem einzelnen Kern wächst ein neuer Apfelbaum.«
Äpfel schließen den Kreis.
Alle singen: »Seht, was wir geerntet haben«.

»Ich bringe euch eine Maroni mit. Man nennt sie auch Esskastanie, weil du sie essen kannst, wenn sie vorher im heißen Herd geröstet wird.«

Mit den Esskastanien wird an einigen Stellen der äußere Apfelkreis verziert.

Nun erzählen Sie den Kindern, dass Früchte zum Wachsen und Reifen nicht nur Regen, sondern auch Sonne brauchen. Die mitgebrachten Halme können wie die Strahlen einer Sonne um die Früchte gelegt werden. Beginnen Sie damit, zwei bis drei Halme als Strahlen zu legen. Die Triangel gibt ein Zeichen dafür, dass ein anderer das Legen der Strahlen fortführt. Wenn alle Halme angeordnet sind, fassen sich alle im Kreis an den Händen, stehen auf und stellen mit erhobenen Armen die Sonne dar. Abschließend umrunden alle mit gefassten Händen zweimal die Früchtesonne und lassen das Bild auf sich wirken.

Dabei singen alle das Lied »Erntetanz« (→ S. 76)

... mit Körnern

Stellen Sie den Kindern Sonnenblumenkerne, Maiskörner, Apfelkerne, Linsen, Erbsen etc. zur Verfügung, mit denen jedes ein Mandala gestalten kann. Über Tage hinweg kann sich jedes Kind dieser Tätigkeit widmen und innere Ruhe dabei finden. Als Vorlage dienen einfach strukturierte Mandalabilder, die im Handel in großer Auswahl erhältlich sind. Verzichten Sie dabei auf das Aufkleben der Körner, da diese dann weiter verwertet werden können.

... mit Blättern und Baumfrüchten

Tagelang schon haben die Kinder Blätter, Zapfen und Bucheckern gesammelt. Nun möchten sie etwas damit gestalten. Schön wäre ein Mandala auf der Terrasse. Zeichnen Sie mit Straßenkreide eine oder mehrere Vorlagen auf den Boden. Neugierig geworden verfolgen die Kinder Ihre Malerei und es wird nicht lange dauern, bis sie allein oder in kleinen Gruppen ihr eigenes Mandala erschaffen.

Meditationen mit Früchten des Gartens und des Feldes

Unsere Kinder wachsen in einer Welt auf, die von technischem Fortschritt, Hektik und Konsum geprägt ist. Daher ist es wichtig, den Blick wieder auf das Wesentliche zu lenken, sich Zeit zum Schauen zu nehmen und sich für die Schönheit von Alltäglichem zu öffnen. Ein Apfel, eine Kastanie, ein Stück Brot oder auch eine Nuss, kann in einer ruhigen und aufmerksamen Atmosphäre viel intensiver wahrgenommen werden. Das Kind entdeckt Dinge, die ihm beim ersten Hinschauen verborgen blieben.

Apfelmeditation

Das braucht man

Äpfel, Teller, Obstmesser, Tuch, Tonkrug mit Apfelbaumzweig, Glasschale mit Schwimmkerzen, für jedes Kind ein Sitzkissen, meditative Musik, Rekorder

Einstimmung

Für das Angebot wird ein Sitzkreis vorbereitet. In dessen Mitte liegt ein Tuch, darauf steht ein Krug mit einem Apfelbaumzweig, an dem noch ein bis zwei Äpfel hängen. Rund herum liegen ein paar Äpfel. Schwimmkerzen in einer Schale mit Wasser verbreiten eine ganz besondere Atmosphäre. Die Kinder begeben sich eines nach dem anderen ganz ruhig an ihren Platz im Kreis und warten, bis alle sitzen. Lassen Sie für eine Weile die Mitte auf die Kinder wirken.

Weiterführung

Leise Meditationsmusik erklingt aus dem Hintergrund. Gehen Sie nun zur Mitte und holen Sie sich einen Apfel. Mit großer Ruhe betasten Sie ihn, schauen ihn an, riechen daran und geben ihn dann an das nächste Kind weiter. Dieses reicht den Apfel nach einiger Zeit dem Nachbarkind. Wichtig ist, dass dies mit Ruhe geschieht und sich jedes Kind im Kreis ausreichend Zeit nimmt, den Apfel zu erkunden. Spontan äußern die Kinder ihre Empfindungen. Wenn der Apfel die Runde gemacht hat, erzählen Sie den Kindern, dass sich im Innern

ein Stern verbirgt. Schneiden Sie den Apfel quer durch und in beiden Hälften wird der Stern sichtbar. Beide Apfelhälften machen nun die Runde. Die Kinder entdecken nicht nur einen Stern, sondern auch Apfelkerne darin.
Lösen Sie die Kerne heraus und legen Sie diese in einem Kreis um einen ganzen Apfel. Erzählen Sie den Kindern, dass für uns Kerne Abfall sind. Sind sie aber wirklich so unwichtig? Warum sind sie im Apfel? Warum ist so viel drumherum? Was steckt in so einem kleinen Kern?
Dann nimmt jedes Kind einen Apfelkern in die Hand, betrachtet ihn und lässt ihn in der Hand verschwinden. Erzählen Sie nun eine kleine Geschichte, die das Bäumchen in der Hand wachsen lasst:

»Ein Apfelkern, fest und klein, schlummert in der Erde. Da kommt der Regen und macht die Erde feucht. Die Sonne wärmt die Erde. Der Apfelkern wird ganz prall und ein kleiner grüner Trieb wächst daraus. Der streckt sich und schiebt sich empor zum Licht bis ein kleines Bäumchen zu sehen ist. Das Bäumchen wird größer und größer bis es ein richtiger Baum ist. Im Frühjahr bekommt unser Apfelbaum wunderschöne weiße Blüten. Die Bienen kommen und holen sich süßen Nektar von den Blüten. Endlich wird es Sommer und aus den Blüten werden kleine grüne Äpfel. Die Sonne scheint und die Äpfel werden größer und größer und bekommen eine schöne rote Farbe. Im Herbst, wenn sie reif sind, fallen sie vom Baum und wir Kinder sammeln sie in einem großen Korb. Im Kindergarten backen wir einen leckeren Apfelkuchen daraus.«

Abschluss

Die Kinder probieren die Kerne oder pflanzen sie zu einem späteren Zeitpunkt ein. Schneiden Sie die Apfelhälften in Stücke und legen Sie diese auf einen Teller. Die Kinder geben den Teller im Kreis herum und jedes nimmt sich ein Apfelstück. Hat ein Apfel jemals so gut geschmeckt?
Am Ende singen noch alle das Lied: »Seht, was wir geerntet haben (→ S. 80)«.
Die Idee, am nächsten Tag einen Apfelkuchen zu backen, findet bei den Kindern sicher große Zustimmung.

Kastanienmeditation

Das braucht man

Korb mit Kastanien, Kastanien in der Schale, Tuch zum Abdecken, für jedes Kind eine Decke, Topf, Erde, Schaufel, Abdeckplane

Einstimmung

Die Decken werden kreisförmig angeordnet. Die Kinder suchen sich ruhig ihren Platz und setzen sich zur Mitte gewandt auf die Decke. Fordern Sie nun jedes Kind auf, mit den Händen eine Schale zu bilden. Bereiten Sie die Kinder darauf vor, dass das, was Sie ihnen in die Hände geben nicht ekelig, aber vielleicht ein wenig stachelig ist.

Weiterführung

Nun bitten Sie die Kinder, möglichst die Augen zu schließen. Aus einem verdeckten Korb holen Sie die Kastanien. Legen Sie jedem Kind eine davon vorsichtig in die geöffneten Hände, mal mit, mal ohne Schale, ganz geschlossen oder aber aufgesprungen. Wenn alle Kinder eine Kastanie haben, erzählt jedes, was es ertastet, was es glaubt in den Händen zu halten. Dann öffnen alle die Augen und betrachten ihre Kastanie. Streichen Sie mit den Fingerspitzen vorsichtig über die Stacheln der Schale oder über die glatte Oberfläche der Kastanie. Halten Sie die Kastanie an die Wange und erspüren sie deren Glätte. Die Kinder werden es Ihnen gleichtun und ihre Empfindungen ganz spontan äußern. Vielleicht findet das eine oder andere Kind auch Kastanienzwillinge in der Schale. Den Kindern wird auffallen, dass die Schale glänzt und sich darauf ein kleiner matter weißgrauer Spiegel befindet. Andere entdecken, dass die Innenhaut der Schale sich weich anfühlt. Als nächstes bitten Sie die Kinder, sich einen Partner zu suchen. Dabei liegt ein Kind auf dem Bauch, das andere kniet daneben und legt irgendwo auf dem Körper eine Kastanie hin. Das liegende Kind rät, wo sich diese befindet. Dann wechseln die Paare. Vielleicht haben die Kinder noch Spaß daran, mit Kastanien eine kleine Rückenmassage zu machen?

Abschluss
In die Mitte des Kreises wird Topf, Erde und Schaufel auf eine Abdeckplane gestellt. Die Kinder pflanzen eine Kastanie ein und sicher warten sie ungeduldig darauf, dass etwas aus der Erde sprießt. Nachdem das erste Grün hervorlugt, kann man mit den Kindern auch thematisieren, wie lange ein Kastanienbaum braucht, bis er prächtig und groß ist und viele Früchte trägt.

Brotmeditation

Das braucht man
Frisch gebackenes Fladenbrot (→ S. 89) mit einem grünen Tuch verhüllt, gemalte Sonne, je eine kleine Schale mit Erde, Weizenkörnern, Mehl, ein Glas Wasser, gemalte Sonne, Bilder von Menschen aus aller Welt.
Diese Materialien liegen mit einem Tuch bedeckt hinter dem Platz der Erzieherin. Zusätzlich benötigen Sie eine Kerze, Streichhölzer, ein gelbes, ein blaues und ein braunes Rhythmiktuch.

Einstimmung
Die Kinder suchen sich ruhig ihren Platz im Sitzkreis. In der Mitte liegen kreisförmig angeordnet die farbigen Tücher. Daneben steht die noch unangezündete Kerze. Bedächtig holen Sie das im Tuch eingehüllte Brot und legen es in die Mitte auf die Tücher.

Weiterführung
Einige Kinder schlagen langsam das Tuch auf, bis das Brot offen daliegt. Regen Sie die Kinder dazu an, den Duft des Brotes aufzunehmen. Nehmen Sie dann das Brot, brechen Sie ein Stück davon ab und geben Sie das Brot weiter. Jedes Kind bricht sich nun etwas ab. Das restliche Brot wird auf das Tuch gelegt.

Nun bitten Sie die Kinder, möglichst die Augen zu schließen, den Brotduft aufzunehmen und das Brot zu kosten. Fordern Sie dazu auf, das Brot ganz langsam zu essen, jeden Bissen zu genießen. Nachdem die Kinder die Augen geöffnet haben, erzählen sie, wie ihnen das Brot geschmeckt hat.

»Ich erzähle euch heute von einer Zeit, als es noch keine Traktoren und Mähdrescher gab.
Der Bauer geht über den Acker und sät mit der Hand das Korn aus. Mit einer Egge harkt er den Samen unter die Erde.«
Stellen Sie die Schale mit Körnern und Erde auf das braune Tuch und streuen Sie ein paar Weizenkörner auf die Erde.
»Damit das Korn wachsen kann, braucht es den Regen.«
Das Glas Wasser auf das blaue Tuch stellen.
»Damit das Korn wachsen kann, braucht es die Sonne.«
Die gemalte Sonne auf das gelbe Tuch legen.
»Zuerst sind die Ähren noch grün, dann aber werden sie in der Sonne goldgelb und im Herbst reif für die Ernte. Die Bauern kommen mit ihren Sensen auf das Feld und schneiden die Kornähren. Sie binden die Ähren zu Garben. Das ist eine harte Arbeit für die Bauern.«
Bilder von Menschen außen um die Tücher legen.
»Das Korn wird gedroschen und zur Mühle gebracht. Der Müller mahlt das Korn zu Mehl.«
Schälchen mit Mehl zum Korn stellen.
»Der Bäcker braucht das Mehl für den Brotteig. Er knetet den Teig und backt davon das Brot.
Der Duft vom Brot zieht durch das Haus.
Brot macht die Menschen satt und schenkt ihnen Kraft für das Leben. Dafür wollen wir Gott danken.«
Kerze anzünden. Zum Abschluss singen alle ein Danklied (→ S. 76f.).

Tipp: Der Besuch eines Bauernhofmuseums oder auch Abbildungen der bäuerlichen Arbeitsgeräte vermitteln den Kindern ein Bild von damals.

Herbstwerkstatt

In unserer Herbstwerkstatt wird alles verarbeitet, was die Natur so bietet. Sie finden wirkungsvolle Ideen für Raumdekorationen, eine Auswahl an kreativen Geschenkideen, sowie beliebte Waren für den Herbstmarkt. Alles ist leicht zu gestalten und regt jeden Bastler an, kreativ zu werden.

Sammeltaschen

Das wird gebraucht

Einkaufsbeutel aus Nessel, Stoffmalfarben, Pinsel, Pappkarton, Bügeleisen

So wird's gemacht

Die Kinder erfahren, dass sie die Taschen beim nächsten Ausflug zum Einsammeln von Naturmaterialien brauchen. Sie überlegen sich ein Motiv aus der Natur: einen Apfel, Gräser, Getreidehalme u. Ä. und wählen die Farben aus. In die Tasche wird vor dem Bemalen ein entsprechend großer Pappkarton gelegt, damit sich die Malerei nicht auf die andere Seite durchdrückt. Nun kann es mit dem Bemalen losgehen. Nach dem Trocknen werden die Farben durch Bügeln von links fixiert (Gebrauchsanweisung berücksichtigen). Bis die Taschen zum Einsatz kommen, sind sie aufgehängt eine lustige Dekoration.

Wurfkastanie

Das wird gebraucht

Kastanien, Handbohrer, Klebstoff, bunte Schleifenbänder (wahlweise Bänder aus Krepppapier), Schere, Stricknadel o. Ä., Stäbchen

So wird's gemacht

Mit dem Handbohrer ein Loch in die Kastanie bohren. Zwei oder drei verschieden farbige Bänder, ca. 30 cm lang abschneiden. In das Loch der Kastanie Klebstoff füllen und die Enden der Bänder mit dem Stäbchen hineindrücken. Nach dem Trocknen dürfen die Kastanien im Garten durch die Luft geworfen werden. Die Bänder flattern dabei lustig im Wind. – Vorsicht! Am besten werfen alle Kinder in die gleiche Richtung um sich nicht gegenseitig zu treffen und schauen dabei, wer am weitesten wirft oder welche Kastanie am lustigsten flattert.

Kürbislaterne

Im Herbst wird traditionell aus einem Kürbis ein leuchtendes Gesicht gestaltet und aus dem Fruchtfleisch eine Kürbissuppe oder Kürbiskompott zubereitet (→ Rezepte zur Weiterverarbeitung des Fruchtfleisches siehe Herbstküche).

Das wird gebraucht
Ein Kürbis oder auch mehrere, nicht allzu große Kürbisse, Löffel, Kugelschreiber, Küchenmesser, Schüssel für Abfall, Schüssel für Fruchtfleisch, Teelichter

So wird's gemacht
Den Kindern zuerst das Vorhaben erklären, teilweise auch Arbeitsschritte demonstrieren und natürlich die Gefahren im Umgang mit dem Messer besprechen. Die Kinder wissen meist genau, worauf sie achten müssen, aber eine kleine Erinnerung schadet in diesem Fall nie.

Aushöhlen
Ein Kind schneidet mit dem Messer einen Deckel vom Kürbis ab. Jedes Kind darf der Reihe nach das Fruchtfleisch mit dem Löffel herausnehmen. Dabei darauf achten, dass das Fruchtfleisch sehr sorgfältig entfernt wird. Eine dünner Kürbis trocknet schneller. Und die Gefahr, dass der Kürbis schimmelig wird, ist damit auch verhindert.

Gesicht einschneiden
Jeweils ein Kind zeichnet mit dem Kugelschreiber Augen, Nase, Mund, Ohren, die danach von diesen oder anderen Kindern ausgeschnitten werden. Wiederum andere Kinder stellen die Teelichter hinein und zünden sie an.

Der erleuchtete Kürbis wird zum Beispiel unter das aufgehängte Bild »Vertumnus« auf unseren Erntetisch gestellt.
Das ausgehöhlte Fruchtfleisch im Kühlschrank kalt stellen, damit dann später mit den Kinder eine Suppe davon gekocht werden kann.

Fantasievogel aus Herbstlaub

Das wird gebraucht

Gepresste Blätter in verschiedenen Farben und Formen, Karton, Bleistift, Schere, Klebstoff, Blumenstäbe oder Schaschlikstäbe, Klebeband

So wird's gemacht

Die Kinder zeichnen einen Vogel auf den Karton und schneiden ihn aus. Der Vogel wird nun Schritt für Schritt mit Klebstoff bestrichen und fantasievoll mit den gepressten Blättern beklebt. Auf diese Weise bekommt er ein prachtvolles Federkleid. Auf der Rückseite wird der Stab mit Klebeband befestigt.

Theater mit Fabeltieren aus Laub

Die oben beschriebene Technik lässt sich facettenreich variieren. Mit eigenen Ideen können die Kinder allerlei Fantasie-Tiere herstellen.
Daraus kann ein kleines, zauberhaftes Theater entstehen.

Obstschale aus Herbstlaub

Das wird gebraucht

Gepresste Blätter ohne Stil, Schüssel, Frischhaltefolie, Seidenpapier, Tapetenkleister, Schere, Unterlage

So wird's gemacht

Schüssel umgekehrt auf die Unterlage stellen, mit Folie abdecken. Seidenpapier rund und etwas größer als die Schüssel ausschneiden. 10 bis 12 Lagen vorbereiten. (Variation: Seidenpapier kann auch in größere Stücke gerissen aufgeklebt werden) Eine Lage Seidenpapier mit Kleister einstreichen, über die Schüssel stülpen und andrücken. Danach eine Lage Blätter aufkleben. Nacheinander die restlichen Lagen Seidenpapier ankleben und jeweils gut andrücken. Die letzte Lage wird wieder aus Blättern geklebt. Schale trocknen lassen, vorsichtig von der Schüssel heben, Folie abziehen und den Rand in der Form der angeklebten Blätter etwas nachschneiden. Fertig ist das schöne Stück, es muss nur noch mit Obst oder gesammelten Kastanien gefüllt werden.

Zauberblätter – Frottage

Das wird gebraucht
Getrocknete Herbstblätter, Papier, Wachsmalstifte oder Bleistift, Unterlage

So wird's gemacht
Kinder sammeln Herbstlaub und pressen es. Danach werden die Blätter befühlt, die Maserung mit dem Finger auf der unteren Seite nachvollzogen. Herbstblatt mit der unteren Seite, auf der die Maserung am deutlichsten ist, unter das Papier legen. Mit Stift drüber malen, bis ein schöner Abrieb eines Blattes zu sehen ist. Vorgang in verschiedenen Farben und auf dem ganzen Blatt verteilt wiederholen. Es entsteht eine künstlerisch bunte Herbstkomposition.

Gemeinschaftsarbeit
Die Kinder schneiden ihre Zauberblätter aus und kleben diese an einen gemalten Baum mit großem Stamm und vielen Ästen.

Tischlaternen

Das wird gebraucht
Marmeladen-, Honig- oder Jogurtgläser, gepresste Herbstblätter, Tapetenkleister, Pinsel, Teelicht

So wird's gemacht
Glas mit Tapetenkleister bestreichen und mit den gepressten Blättern bekleben. Der Fantasie sind hier keine Grenzen gesetzt. Mit einem

Teelicht beleuchtet, erzielt man eine romantische Herbststimmung. Diese einfach herzustellende und doch sehr wirkungsvolle Dekoration ist auch ein schönes Herbstgeschenk an die Eltern und sicher ein gutes Verkaufsobjekt beim Herbstmarkt.

Ketten aus Naturmaterial

Das wird gebraucht
Naturmaterialien zum Auffädeln, Handbohrer, Bast, Sticknadel

So wird's gemacht
Alle harten Naturmaterialien wie Kastanien, Eicheln zuerst mit einem Handbohrer durchbohren. Naturfarbenen Bast in gewünschter Länge abschneiden, ein Ende gut verknoten, das andere in eine Sticknadel einführen. Die gesammelten Materialien auf den Bast in beliebiger Reihenfolge auffädeln. Ist die Kette lang genug, werden die Enden verknotet. Die Kinder tragen sie als Schmuck bei der Erntedankfeier.

Weben mit Naturmaterialien

Das wird gebraucht
Zwei möglichst gerade Äste, lange Gräser und Getreidehalme, Blätter, Schilf, getrocknete Blumen, Moos und ähnliche Naturmaterialien, die alle getrocknet sein sollen. Mit frischen Gräsern würden nach dem Trocknungsprozess Lücken im Gewebe entstehen. Schnur, Schere, kleine Handsäge

So wird's gemacht
Zwei Äste auf 60 cm Länge sägen, im Abstand von 3 cm kleine Kerben einritzen.
16 Schnurstücke mit einer Länge von 100 cm abschneiden. Diese dann jeweils in die Kerben zwischen die zwei 60 cm langen Äste knoten. Die Schnüre bilden die Kettfäden, die Äste einen einfachen Rahmen. Mit dem Weben stets von unten beginnen. Alle Fundstücke werden nun in bunter Reihenfolge und abwechselnd von oben nach unten durch die Kettfäden geführt. Sehr dünne Halme kann man, je nach Geschick, auch gebündelt einweben.

Am Rand überstehende Gräser können je nach Geschmack stehen gelassen oder mit der Schere auf eine Linie gekürzt werden. Am oberen Ast Schnur zum Aufhängen anknoten.

Blätterschalen aus Ton

Das wird gebraucht
Ton, große Blätter ohne Stil, Teigrolle, Messer

So wird's gemacht
Die Kinder haben die Blätter selbst in der Umgebung oder im Wald gesammelt. Die Blätter werden betrachtet, die Maserung mit den Fingern gefühlt, der Stil abgeschnitten.
Jedes Kind bekommt ein Stück Ton, das es nun weich schlägt, danach flach klopft. Den Ton dann mit Teigrolle ca. 1/2 bis 1 cm dick auswalzen. Das Blatt mit der Seite der stärkeren Maserung auf den Ton legen und mit der Walze andrücken. Mit dem Messer das Blatt am Rand entlang ausschneiden, Blatt vorsichtig abziehen. Den Rand mit den Fingern etwas glatt streichen und nach oben zu einer Schale formen. Trocknen lassen, brennen, glasieren und wiederum brennen.

Sonnenblumen-Händedruck

Das wird gebraucht
Fingerfarben, große Bögen Papier zum Drucken (DIN A2 oder noch größer)

So wird's gemacht
Kinder malen sich gegenseitig mit den Händen (Pinsel kitzelt zu sehr) Handinnenflächen und Finger an. In Form einer Sonnenblume werden diese dann auf dem Papier abgedruckt. Die Finger ergeben die Blütenblätter, auf die Handflächen werden mit dem Finger in brauner oder schwarzer Farbe die Körner aufgetupft. Diese Aktion eignet sich für alle Altersstufen!
Ebenfalls reizvoll als Gemeinschaftsarbeit: Viele Hände drucken eine Blume. Dabei können auch mehrere Abdrücke übereinander gemacht werden.

Kartoffel-Köpfe

Das wird gebraucht

Kartoffel, Kressesamen, Messer, Papprollen, Schminkstifte

So wird's gemacht

Ein Drittel der Kartoffel abschneiden und diese auf eine Papprolle stellen. Mit Schminkstiften Augen, Nase, Mund und Ohren aufmalen. Auf die feuchte Schnittfläche Kressesamen streuen, mit undurchsichtiger Folie zudecken, bis die Kresse keimt. Danach Folie wieder abnehmen und ans Fenster stellen. Nun können die Kinder beobachten, wie die »Haare« lustig wachsen.

Körnermedaillons

Die Kinder zeichnen auf Pappkarton ovale oder runde Medaillonformen auf, die sie dann ausschneiden. Dann stechen sie mit einer Nadel ein Loch durch den Karton und bringen eine Schlinge als Aufhängung an. Auf beiden Seiten wird der Karton nun mit Sonnenblumenkernen in einem fantasievollen Muster beklebt.
Variante: Körnerbilder. Die Kinder kleben graphische Muster aus Sonnenblumenkernen auf ein Holzbrett oder auf starken Karton in einem größerem Format.

Erntekrone

Das braucht man

Peddigrohr (oder starker Draht), Blumendraht, Getreideähren, Wildfrüchte, farbige Bänder

So wird's gemacht

Peddigrohr zu einem Reifen biegen und mit Blumendraht zusammen binden. Für die Krone Peddigrohr überkreuzen. Die Kreuzungsstellen festbinden. Von links nach rechts immer wieder neue Ährenbüschel und Wildfrüchte am Peddigrohr festbinden, bis der Kranz dicht ist. Die Krone mit Bändern schmücken.

Ahornkrone

Mit dieser Krone schmücken die Kinder zur Erntedankfeier die Festtafel, das Büffet, den Gabentisch oder auch sich selbst.

Das braucht man
Mehrere etwa gleichgroße Ahornblätter sammeln

So wird's gemacht
Stängel abbrechen, aufheben. Bei jedem Blatt das untere Drittel nach oben falten. In der Mitte ein Loch durchstechen. Zwei Blätter miteinander verbinden, indem ein Stängel durch die beiden Löcher gesteckt wird. Mit dem dritten und allen weiteren Blättern ebenso verfahren. Größe der Krone am Kopfumfang messen; das letzte Blatt mit dem ersten verbinden, Krone zur Rundung schließen.
Die Krone sieht auch noch in getrocknetem Zustand schön aus, wenn die Zacken kraus werden und sich zu wölben beginnen.

Herbstkranz

Beim Binden eines Herbstkranzes für die Türe des Gruppenzimmers, oder als Dekoration für den Gabentisch können ältere Kinder ihr Geschick beweisen.
Eine Fülle von unterschiedlichsten Materialien, von den Kindern bei einem Herbstspaziergang gesammelt, werden eingebunden. Dabei wickelt jedes Kind erst einmal seine Fundsachen mit Draht zu einem Bündel. Alle Bündel werden zu einem wunderschönen Kranz vereint.

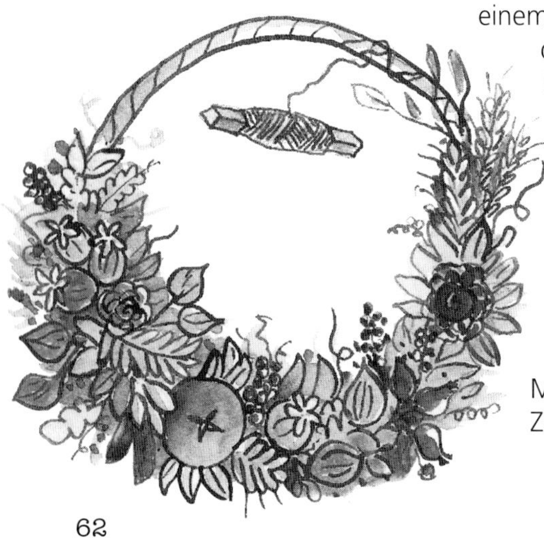

Das wird gebraucht
Verschiedene Kornähren, Eichenlaub, Efeu, Gräser, getrocknete Samenstände und Blumen wie zum Beispiel Rosen, Hortensien, Lampionblumen, Fruchtstände, wie Hagebutten, Beeren (hier auf giftige achten), Hopfen, Moos, Rindenstücke.
Metallreifen aus dem Blumengeschäft, Blumendraht, Zange zum Drahtabschneiden, Blumenschere.

So wird's gemacht
Alle Stiele knapp unterhalb des Stielansatze abschneiden, mehrere Stiele mit Draht zu kleinen Bündeln wickeln. Sämtliche Bündel und weitere Materialien von innen nach außen mit dem Blumendraht auf den Metallreifen binden. Tipp: Dabei darauf achten, dass die dekorativsten Bündel oben aufgewickelt werden. Die Bündel schichtweise so aufeinander legen, dass die angedrahteten Stiele nicht zu sehen sind und die Stielenden immer in derselben Richtung liegen.

Herbstgirlande

Räume, Gabentische, Festtafeln mit einer Erntegirlande zu schmücken, ist ein schöner Brauch zu Erntedank.
Die Girlande kann aus den verschiedensten Fundstücken, wie oben beim Herbstkranz beschrieben, gebunden werden. Als Kernstück eignet sich eine sogenannte »Seele« die aus einem dickeren Seil besteht.

Blättergirlande

Eine Blättergirlande ist einfacher herzustellen als die oben beschriebene Herbstgirlande, da alle Materialien nur aufgefädelt werden. Sie eignet sich zum Dekorieren der Räume und als Schmuck zum Umhängen für die Kinder.

Das braucht man
Gepresste Blätter, Kastanien, Eicheln, Bast, große Stopfnadel, Schere, Handbohrer

So wird's gemacht
Blätter pressen, mit Handbohrer ein Loch in die Kastanien und Eicheln bohren. Ein beliebig langes Stück Bast abschneiden, an einem Ende mit einem großen Knoten versehen, Stopfnadel einfädeln und die Materialien in beliebiger Reihenfolge auffädeln. Zusammenknoten und sich selbst oder das Zimmer damit schmücken.

Beeren-Herz

Das braucht man

Weidenzweige oder dicken Blumendraht, Wickeldraht, Bast, Beeren, Efeu, wilden Wein, Hagebutten, Drahtschere

So wird's gemacht

Aus den Weidenzweigen (oder Draht) ein Herz formen und mit Draht und Bast zusammenbinden. Die Beeren mit dem Wickeldraht zu kleinen Bündeln binden. Diese am Herz andrahten und mit Efeuranke umwickeln.
Dieses Herz kann natürlich zu Erntedank auch mit Getreidehalmen angefertigt werden.

Erntestab

Das braucht man

Rundholz oder geraden Ast, verschiedene Getreideähren, Blumenschere, Blumendraht, Seitenschneider, bunte Kreppbänder, Klebstoff, Schleifenband

So wird's gemacht

Rundholz mit zwei verschieden farbigen Krepppapierbändern umwickeln. An den Enden mit Klebstoff fixieren. Die Getreidehalme auf gleiche Länge kürzen und mit Blumendraht zu mehreren kleinen Bündeln wickeln. Diese dann mit Blumendraht zu einem größeren Büschel an das obere Ende des Stabes binden. Band umwickeln und zu einer großen Schleife binden.

Flechtwerk – eine Gemeinschaftsarbeit im Garten

Das wird gebraucht

Zwei Bäume, die nicht zu weit auseinander stehen, ca. 1 bis 1,5 Meter, oder im selben Abstand zwei Pfähle in die Erde rammen. Zwei kräftige Äste für den Flechtrahmen, dicke Schnur für die Kettfäden. Allerlei gesammeltes, was die Natur uns bietet, zum Beispiel Gräser, Getreide, Moos, Rinden, Efeu, Zweige und sogar auch ein kleiner Stein, ein Schneckenhaus können eingewebt werden.

So wird's gemacht

Die Erzieher/-innen bauen den Webrahmen, die Kinder helfen mit. Die beiden Äste werden waagrecht mit der Schnur zwischen die beiden Bäume gebunden. Der Abstand von oben nach unten beträgt ca. 50 bis 75 cm. Dabei auf Stabilität achten, denn der Rahmen muss Einiges tragen, wenn die Kinder daran arbeiten.
Die Kettfäden zwischen den beiden Ästen aufziehen, dabei darauf achten, dass diese stramm gezogen sind. Nun dürfen die Kinder nach Herzenslust alles, was sie in der Natur fanden, einflechten. Im Vergleich zu den kleinen Webrahmen, die die Kinder bereits kennen, sieht das vollendete Werk »gigantisch« aus.
Falls Sie einen Maschendrahtzaun haben, der nicht mit Sträuchern verdeckt ist, können die Kinder auch dort allerhand einflechten. Allerdings müssen hierbei die dünnen Gräser gebündelt verarbeitet werden.

Pflanzaktion – Zwiebelblumen

Im Herbst schon an das nächste Frühjahr denken, das ist die Aufgabe und auch Freude jedes Gärtners. Bei Spaziergängen sehen die Kinder vielleicht auch, wie die Bauern das Feld für das nächste Frühjahr beackern.

Wir legen also in unserer Kita ein Frühlingsblumenbeet an. Da muss die Erde umgestochen werden, große Steine herausgesammelt und eine Beeteinfassung gestaltet werden.
An allen Aktivitäten sind die Kinder beteiligt. Das Umgraben macht einen Riesenspaß, dabei entdecken die Kinder Regenwürmer und Schneckeneier. Für die Blumenzwiebel werden mit kleinen Schaufeln Vertiefungen ausgehoben, dabei die Packungsangabe beachten, die Pflanztiefe ist bei jeder Sorte unterschiedlich, sowie auf die richtige Lage der Zwiebeln. Die Kinder können noch gemeinsam entscheiden, welche Blumen nebeneinander blühen sollen und pflanzen dementsprechend. Die Zwiebeln gut mit Erde zudecken. Nun geht es an die Gestaltung der Beeteinfassung. Hierzu kann man große Steine, alte Ziegelsteine, Dachziegel, Flaschen verwenden.

Wichtig ist noch, den Kindern zu erklären, dass es sehr lange dauert, bis die Blumen blühen werden und dass die ihnen bekannte Kresse viel schneller wächst. Ein Gespräch über das Ruhen der Zwiebeln im Winter und über das, was sie zum Wachsen brauchen, folgt.
Den Abschluss dieser Aktion bildet das folgende Fingerspiel.

Spielekiste

Die Blumenzwiebel

Ich hab in mein kleines Beet	*mit der Innenfläche der linken Hand Beet*
eine Blumenzwiebel hinein gelegt.	*mit der rechten Hand das Einsetzen der Zwiebel*
Ich deck sie zu mit Erde	*und anschließend das Zudecken andeuten*
und warte nun was werde! Erst kommt Regen	*mit den Fingern der rechten Hand Regentropfen*
und dann Sonnenschein.	*und Sonnenstrahlen darstellen*
Der dringt ganz tief in die Erde ein.	*die linke Hand bildet eine Faust*

Die Zwiebel streckt die Wurzeln raus	*gestreckte Finger der rechten Hand bilden Wurzeln*
und oben wächst ein Trieb heraus.	*Zeigefinger der rechten Hand schiebt durch die Faust*
Das Pflänzchen wächst und wächst heran	*beide Hände zur Knospe formen,*
und öffnet seine Knospe dann.	*die sich langsam öffnet*
Eine Blume wie im Traum,	
herrlich ist sie anzuschaun.	

Tipp: Besonders eindrucksvoll ist es, wenn sie ein zusammengeknülltes Seidentuch in den Händen halten, das sich vor den Augen der Kinder langsam entfaltet.

Die Kartoffel

Ich bin der Stoffel und eine Kartoffel
Ich bin die Beate und eine Tomate.
Ich bin die Lieselotte und eine Karotte.
Ich bin die Valerie und ein Sellerie.
Ich bin das kleine Fingerlein,
schneid alles klein
und koch daraus ein Süppchen fein.

Spielanregung
Die Finger und den Daumen der Reihe nach zeigen. Mit der gesamten Hand das »Schneiden« und »Umrühren« der Suppe nachahmen.

Obstsalat

Das braucht man
Karton in den Farben verschiedener Früchte, Schere, Schnur

Spielanregung
Aus Karton verschiedene Früchte wie Äpfel, Zwetschgen, Birnen, Bananen ausschneiden und mit einer Schnur zum Umhängen versehen. Dabei ist jede Frucht in gleicher Anzahl vorhanden. Die Kinder bilden einen Stuhlkreis. Jeder Mitspieler erhält eine Kartonfrucht. Der Spiel-

leiter steht in der Kreismitte. Für ihn ist kein Stuhl vorgesehen. Nun nennt er eine Frucht, zum Beispiel Äpfel. Daraufhin wechseln alle »Äpfel« miteinander die Plätze. Da der Spielleiter ebenfalls einen Platz sucht, bleibt ein Kind übrig. Dieses begibt sich in die Kreismitte und ruft beispielsweise: »Zwetschgen und Birnen!«. Nun tauschen diese Früchte die Plätze. Ruft es dagegen »Obstsalat«, suchen sich alle einen neuen Stuhl. Die Chance, einen freien Platz zu finden, ist jetzt natürlich größer.
Das Obstsalatspiel kann um weitere Früchte bereichert werden und so ist es garantiert nie langweilig. Bei älteren Kindern kann auch auf Kartonfrüchte verzichtet werden!

Wer errät die Frucht?

Ein bewegungsreiches und lustiges Spiel, das taktisches Vorgehen fördert.

Das braucht man
Früchte aus Karton, Sicherheitsnadel

Spielanregung
Die Kinder bilden eine Kreis. Zwei Kinder begeben sich als Spieler in die Kreismitte. Mit einer Sicherheitsnadel wird jedem auf dem Rücken eine Frucht an der Kleidung befestigt. Nun verschränken beide die Arme und versuchen die Frucht des Gegenspielers zu erraten. Dies erfordert einiges an Geschicklichkeit, da man natürlich keinesfalls dem anderen den Rücken zeigen, selbst aber wohl einen Blick auf den Rücken des anderen erhaschen sollte. Wem es zuerst gelingt, die Frucht zu erkennen, geht als Sieger aus diesem Spiel hervor. Wichtig ist, dass die Kinder, die gegeneinander antreten, etwa gleich groß sind.

Früchtememory

Das braucht man
Für jedes Kind ein Paar Früchte, Tischtuch

Spielanregung
Die Früchte werden gemischt, auf dem Tisch verteilt und mit dem Tuch bedeckt. Dann greifen die Kinder nacheinander unter das Tuch und versuchen die zusammengehörenden Früchte zu ertasten. Wenn alle glauben, ein Paar in Händen zu halten, wird das Tuch weggezogen und überprüft, ob jeder die Aufgabe richtig gelöst hat.

Kartoffelstaffel
Es werden zwei Mannschaften gebildet. Neben beiden Gruppen steht jeweils ein leerer Korb. In einiger Entfernung befindet sich für jede Mannschaft ein weiterer mit Kartoffeln gefüllter Korb.
Auf ein Startzeichen hin laufen die ersten beiden Spieler jeder Mannschaften los und holen mit einem Löffel eine Kartoffel aus dem Korb. Die Hände dürfen nicht benutzt werden. Die Kartoffel wird zum leeren Korb transportiert. Wer sie unterwegs verliert, muss sie wieder aufnehmen. Älteren Kindern macht es Spaß, wenn der Weg zusätzlich mit Hindernissen versehen wird, wovon einige überstiegen, andere mittels Durchkriechen überwunden werden müssen.

Apfel-Angeln

Zur Zeit der Apfelernte ist dies ein lustiges, wenn auch nasses Spiel!

Das braucht man
Große Schüssel mit Wasser, Äpfel, Handtuch

Spielanregung
Der Boden sollte unempfindlich gegen Nässe sein. In eine mit Wasser gefüllte Schüssel werden viele Äpfel gegeben. Die Kinder versuchen nun mit hinter dem Rücken verschränkten Armen einen Apfel nur mit dem Mund aus der Schüssel zu fischen.

Apfelringeschnappen

Das wird gebraucht

Apfelringe, Bindfaden

So wird's gemacht

Viele Apfelringe auf Bindfaden auffädeln. Zwei Mitspieler halten die aufgehängten Apfelringe in die Höhe. Damit das Spiel noch spannender und lustiger wird, kann die Höhe immer wieder variiert werden. Zwei bis drei Kinder, je nach Länge des Fadens, dürfen hochspringen und versuchen mit dem Mund einen Apfelring zu schnappen, dabei dürfen sie die Hände nicht benützen. Zur Sicherheit gilt, Hände auf den Rücken!

Wettfüttern

Das wird gebraucht

Ein Schälchen mit Apfelmus, 1 Löffel, Augenbinde, Lätzchen

So wird's gemacht

Zwei Kinder stehen sich gegenüber. Einem Kind werden die Augen verbunden und ein Lätzchen umgehängt, das andere darf es mit Apfelmus füttern.

Apfelernte

Diese lustige Wettspiel, bei dem Körpergeschicklichkeit gefragt ist, kann auch mit anderen Früchten oder mit Kastanien gespielt werden. Es eignet sich gut als Spiel mit den Eltern oder gar als Spiel Eltern gegen Kinder.

Das wird gebraucht
Äpfel, Korb, Tuch oder Seil

So wird's gemacht
Bei diesem Spiel können zwei Spieler oder zwei Riegen gegeneinander antreten. Im Raum sind überall Äpfel verteilt, die von den Spielern in einen Korb gesammelt werden müssen. Vorher werden jedem Mitspielenden noch die Beine zusammengebunden. Sieger ist, wer in einer bestimmten Zeit die meisten Früchte eingesammelt hat.

Obstbild legen

Das braucht man
Verschiedenes Obst, Papier als Unterlage

So wird's gemacht
Gehen Sie mit den Kindern auf den Markt oder in ein Obstgeschäft und kaufen Sie dort gemeinsam mit den Kindern Früchte ein. Zu Hause dürfen dann alle kleinen Künstler nach Herzenslust versuchen, ein »Obstgesicht« zu legen. Als Anregung kann das Gemälde »Vertumnus« oder »Der Sommer« von Arcimboldo dienen. Vielleicht ist im voraus ein Gespräch sinnvoll, in dem erarbeitet wird, was so alles an Früchten für die jeweiligen Gesichtsteile verwendet werden kann. Diese Aufgabe eignet sich auch als Partnerarbeit, zwei Kinder legen zusammen ein Bild auf die Unterlage.

Sinnesübungen

Memory

Das wird gebraucht
Nüsse, Fichtenzapfen, Schneckenhäuser, Steine, Rindenstücke usw., Jogurtbecher

So wird's gemacht
Die Kinder suchen nach Dingen, die sie bei einem Spaziergang auf dem Waldboden, in einer Wiese oder am Wegesrand finden. Von allen Gegenständen sollte ein Paar gefunden werden. Diese werden auf dem Boden vermischt ausgebreitet. Jeder Gegenstand wird unter einem Jogurtbecher versteckt. Die Kinder decken nun reihum auf und spielen nach den bekannten Memory-Spielregeln.

Zuordnungsspiel

Das wird gebraucht
Lexika, Bilderbücher in denen Getreidesorten abgebildet und bestimmt sind, Getreidehalme, die im Sommer bereits gesammelt wurden, Zeitschriften, in denen Getreideprodukte abgebildet sind.

So wird's gemacht
Das Aussehen der Getreidesorten wird besprochen, die Lebensmittel werden befühlt, in den Büchern wird nach der Bezeichnung gesucht und der jeweiligen Abbildung das echte Getreide zugeordnet. In den Zeitschriften suchen die Kinder Brot, Kuchen, Kekse und andere Dinge, die aus Getreide gemacht sind, schneiden sie aus und ordnen diese den Getreidehalmen zu.

Sonnenblumen-Würfelspiel

Dies ist kein Wettspiel, wie es bei den meisten Würfelspielen üblich ist, sondern ein Gestaltungsspiel. Gemeinsam wird die Sonnenblume vervollständigt. Jeder trägt etwas zur Gestaltung der Sonnenblume bei, wie ja auch in der Natur das Wachsen und Reifen der Sonnenblume durch das Zusammenwirken vieler Faktoren geschieht.

Das wird gebraucht

Ein stärkeres Blatt Papier oder Karton, Buntstifte, Würfel

Herstellung

Der Erwachsene oder die Kinder malen auf das Papier eine große Sonnenblumenblüte, in die Mitte einen Kreis für die Kerne, der aber noch nicht mit Kernen ausgemalt werden soll, außen herum dann die Blütenblätter, die auch gleich gelb angemalt werden. Die Zeichnung könnte nun auch noch ausgeschnitten werden, das muss aber nicht unbedingt sein.

Spielanleitung

Mehrere Kinder würfeln reihum. Die Anzahl der gewürfelten Punkte ergibt die Anzahl der Sonnenblumenkerne, die mit einem Farbstift in die Mitte der Blüte gemalt werden.
Das Spiel geht so lange, bis kein Kern mehr hinzu gemalt werden kann. Die Kinder können mit der Zeit lernen, darüber selbst zu entscheiden.

Obst- und Gemüsetheater

Ein Theaterstück mit Früchten oder auch Gemüse hat seinen ganz besonderen Reiz. Gleich vorweg sei betont, dass die Lebensmittel nicht »nur« zum Spielen benutzt und anschließend weggeworfen werden. Es geht vielmehr darum, mit den Äpfeln, Kartoffeln und Gurken zu agieren, bevor sie verzehrt werden. Auf Klebstoff beim Gestalten der einzelnen Figuren ist also zu verzichten. Jedes Kind aus der Gruppe bringt verschiedene Obst- und Gemüsesorten mit. Bald befindet sich eine reiche Auswahl an Äpfeln, Rüben, Kohlköpfen, Lauch, Kartoffeln, Gurken, Salat im Kindergarten.
Mit ein paar Handgriffen werden nun Perlen oder Knöpfe als Augen, Wolle oder Bast als Haare, Stoff- und Filzreste als Umhang, Kohlblätter als Flügel oder Umhang mit Stecknadeln am Obst oder Gemüse befestigt. So wird aus einem kleinen Rettich mit zwei Feldsalatblät-

tern eine Maus, aus einer Rübe mit zwei Kohlblättern als Flügel ein seltsamer Vogel. Dem hochgewachsenen Lauch verleiht eine kleine Fliege aus Filz ein würdiges Aussehen und der Tomate mit ihren Perlenaugen steht vortrefflich der Hut aus einem Kohlblatt.
Allein die Auswahl und Gestaltung der Frucht- oder Gemüsesorten macht Spaß. Es wird probiert, wieder weggelegt, etwas Neues versucht. Ist die Figur dann gelungen, wird noch eine Gabel zur besseren Handführung hineingespießt und das Spiel kann beginnen. Meist reichen kleine Bewegungen, eine angedeutete Umarmung, ein Küsschen, ein kleines Tänzchen oder ein kurzes Gespräch und alles lacht.
So begrüßt der fesche Lauch die feine Tomatendame, macht ihr überschwänglich Komplimente und bewundert ihren eleganten Hut. Eilig verabschiedet sie sich, da sie mit ihrer Freundin verabredet ist. Plötzlich huscht eine Rettichmaus über die Straße und der feinen Tomatendame entfährt ein spitzer Schrei. Aber schon sieht sie ihre Karottenfreundin am anderen Ende des Weges, bekleidet mit einem neuen Modellkleid aus Kohlblättern. Bewundernde Blicke, eine flüchtige Umarmung, Küsschen und der neueste Klatsch werden ausgetauscht.

Mit den Figuren spielen die Kinder hinter einer Bühne. Dafür eignet sich ein Kasperltheater, ein seitlich gekippter Tisch oder eine quer gespannte Schnur, über die ein Tuch gehängt wurde.

Hinweis: Vor der weiteren Verarbeitung unbedingt darauf achten, dass alle Stecknadeln entfernt wurden.

Lieder, Tanz und Rhythmik

Herbstblätter-Tanz mit Farbdias

Das braucht man

Dias mit verschiedenen Herbstmotiven, Herbstlaub auf Bäumen, an Wänden, auf dem Boden in herrlich leuchtenden Herbstfarben. Diaprojektor, Leinwand oder weiße Wand, abgedunkelter Raum, Musik. Für jedes Kind ein halbes weißes Leintuch, Schere.

So wird's gemacht

Leintücher halbieren, jeweils das halbe Tuch einmal zusammenfalten. In der Mitte einen Schlitz einschneiden, so groß, dass ein Kinderkopf durchpasst. Die Kinder hängen sich ihr Tuch um und tanzen vor der weißen Wand oder Leinwand. Der Erwachsene projiziert die Herbstdias auf die Kinder. Die weißen Tücher werden bunt, die Kinder werden zu tanzendem Herbstlaub im Wind. Sie sind so begeistert, dass sie abwechselnd tanzen und zuschauen wollen.
Musikvorschlag: »Herbst« aus den »Vier Jahreszeiten« von Antonio Vivaldi

Sonnenblumentanz

Die Kinder stehen in der Mitte des Raumes und stellen die Sonnenblumen dar. Ein Kind wandert als Sonne um die Gruppe herum und wendet dabei immer das Gesicht zur Gruppe hin. Die Sonnenblumen-Darsteller drehen sich analog mit, wenden wie die Sonnenblume immer ihr Gesicht der Sonne zu.
Die Sonnenblumenkinder können sich gelbe Rhythmiktücher umlegen, das die Sonne spielende Kind hält ein orangefarbenes Tuch hoch.
Musikvorschlag hierzu: »Nocturnes« von Frédéric Chopin, Op. 55 Nr. 1.
Die Fantasiereise »Sonnenblumen« aus dem Baustein »Herbsttexte« eignet sich ebenfalls sehr gut als Ausdruckstanz.
Musikvorschlag hierzu: Abschnitt aus »Nocturnes« von Frédéric Chopin, Op. 37 oder Op. 48.

Erntetanz

Text: Rolf Krenzer, Musik: Ludger Edelkötter

Dank für die Äpfel,
dank für die Gaben,
dass wir zu essen
heut und morgen haben.

Dank für die Birnen …
Dank für die Trauben …

Alles, wofür wir danken, wird jeweils in der dritten Zeile eingesetzt, so dass nach und nach immer mehr Gaben dazukommen.

Einer beginnt, und immer mehr gehen in den Kreis und schreiten darin herum. Von der Mitte aus können bunte Bänder aufgenommen werden, die von einem Tänzer mitten im Kreis gehalten werden und von denen jeder Mittänzer ein Ende hält.

Ich hol mir eine Leiter

Text: überliefert, Musik: Hubertus Vorholt

2. Dann steig ich immer höher
und halte mich ganz fest
und setze mich gemütlich
auf einen hohen Ast.

Ich schaukle, ich schaukle
mal vor di-wipp, mal links di-wapp,
mal rechts di-wipp, mal links di-wapp
und fall doch gar nicht ab.
(gesprochen:) Knirgs, knurgs, knargs.

Brot, wo kommst du her?

Text: Rudolf Otto Wiemer

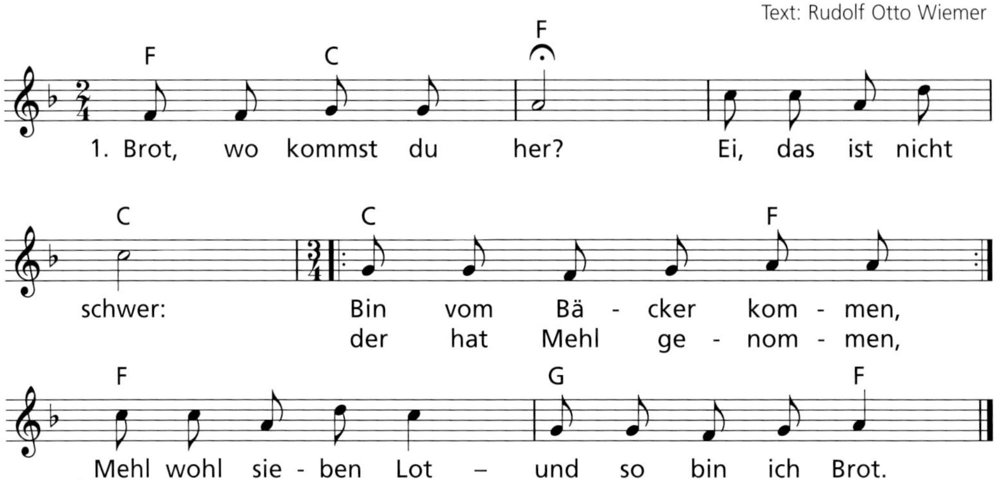

2. Mehl, wo kommst du her?
Ei, das ist nicht schwer:
Bin vom Müller gekommen,
der hat Korn genommen,
Korn wie Gold so gehl –
und so bin ich Mehl.

3. Korn, wo kommst du her?
Ei, das ist nicht schwer:
Bin vom Bauern kommen,
hat den Halm genommen,
Hälmlein aus dem Dorn –
und so bin ich Korn.

4. Halm, wo kommst du her?
Ei, das ist nicht schwer:
Bin vom Würzlein kommen,
hat mich mitgenommen
aus der Erde Schoß –
und so wuchs ich groß.

Knister-, Knusper-, Knäckebrot

Text: Rolf Krenzer, Musik; Siegfried Fietz

2. Etwas Butter, etwas Salz
   oder auch Gelee
   Knister-, Knusper-, Knäckebrot
   schmeckt zu Milch und Tee.

3. Herrlich kracht's am Frühstückstisch.
   Klaus schafft sieben Stück.
   Knister-, Knusper-, Knäckebrot
   ist ein Stückchen Glück.

4. Knister-, Knusper-, Knäckebrot.
   Keiner leidet Not.
   Dank für Butter, Milch und Brot.
   Danke, guter Gott!

Seht, was wir geerntet haben

Text: Rolf Krenzer, Musik: russisches Kinderlied

Rhythmikstunde zum Thema Herbst mit Kastanien und Blättern

Die Kinder erleben die Frucht und das Blatt des Kastanienbaumes. Begriffe wie »glatt«, »rund«, »braun«, »fallen« werden mit der Kastanie erarbeitet, andere wie »zackig«, »dünn«, »gelb/rot«, »schweben« mit dem Blatt. Durch die Imagination »Ich bin ein Blatt« identifizieren sich die Kinder mit der Natur. Der Tastsinn wird geschult mit dem Fühlen der Eigenschaften der Kastanie und des Blattes.

Das wird gebraucht

Korb mit Kastanien, Korb mit Blättern, Fächer, blaues Tuch, Kassettenrekorder,
Musikvorschlag: Antonio Vivaldi, »Der Herbst«.

Übungen

Die Kinder sitzen auf dem Boden, holen sich der Reihe nach eine Kastanie aus dem Korb, befühlen diese, riechen daran. Farbe, Form, die glatte Oberfläche wird erfahren und benannt. Besprechen Sie auch, wo die Kastanie wächst.

1. Die Kinder tragen die Kastanie durch den Raum, dabei denkt sich jedes eine andere Art des Tragens aus. Danach werden verschiedene Möglichkeiten von allen Kindern nachgeahmt.
2. Kinder stehen auf, sie sind ein starker Kastanienbaum. Die Erzieherin stellt mit einem Tuch oder Fächer den Wind dar. Bei Wind lassen die Kinder die Kastanie fallen. Zwei- bis dreimal wiederholen und Kinder auffordern zu beobachten, wie die Kastanie fällt.
3. Kinder sitzen wieder am Boden, Augen geschlossen. Die Erzieherin geht zu einem Kind, lässt dieses den Wind spüren, das Kind macht die Augen auf, lässt die Kastanie fallen und beobachtet. Erzieherin geht mit dem Tuch zu einem anderem Kind usw., bis alle dran waren.
4. Die Kinder legen der Reihe nach ihre Kastanie wieder in den Korb zurück, eines nach dem anderen wird durch Augenzwinkern von der Erzieherin aufgefordert.
5. Kinder stehen auf, stellen sich vor, sie sind die Kastanie am Baum. Wenn der Wind weht (Erzieherin fächelt Wind), fallen sie schwer vom Baum. Zwei- bis dreimal wiederholen.
6. Es fällt immer nur die »Kastanie« vom Baum, die den Wind spürt. Dabei stehen die Kinder mit geschlossenen Augen und warten auf das Fächeln der Erzieherin. Beim Fallen öffnen sie die Augen wieder.
7. Korb mit frischen Kastanienblättern herumgeben, jedes Kind nimmt sich ein Blatt. Kinder riechen, fühlen bewusst. Gespräch über Farbe, Form, Beschaffenheit. Vergleich zu Kastanie herstellen. Unterschied herausarbeiten, Begriffe wie »glatt«, »rund«, »braun«, »fallen« und »zackig«, »dünn«, »gelb/rot«, »schweben« verankern.
8. Die Kinder tragen ihr Blatt auf originelle Art und Weise durch den Raum. Danach werden einige Möglichkeiten von allen Kindern nachgeahmt.
9. Bei Wind lassen die Kinder das Blatt fallen. Wie Übung Nr. 1. Kinder dabei auffordern zu beobachten, wie das Blatt fällt/schwebt.
10. Wie Übung Nr. 2. Kinder achten dabei besonders darauf, wie das Blatt schwebt – Vergleich zur Kastanie herstellen, (schweben, fallen – langsam, schnell).
11. Die Kinder legen der Reihe nach ihr Blatt wieder in den Korb zurück, immer das, welches von der Erzieherin eine Aufforderung durch Augenzwinkern bekommt.

12. Die Kinder stehen auf, stellen sich vor, sie sind das Blatt am Baum, wenn der Wind weht, fallen sie vom Baum. Zwei- bis dreimal wiederholen.
13. Es fällt immer nur das »Blatt« vom Baum, das den Wind spürt. Wind mit geschlossenen Augen spüren.
14. Es weht ein starker Herbstwind. Kinder wirbeln als Blätter durch den Raum, solange er weht. Mehrmals wiederholen.
15. Kinder liegen am Boden, entspannen sich und hören Musik (z. B. einen Teil aus Vivaldis Vier Jahreszeiten – Herbst).
16. Sobald ein Kind den Wind spürt, darf es sich wieder aufsetzen. Dazu kann die Erzieherin alle Kinder nacheinander »wachstreicheln« oder jeweils ein Kind seinen Freund.
17. Die Kinder holen sich das Material aus den Körben und legen gemeinsam ein Muster (Bild) mit Blättern und Kastanien. Währenddessen läuft die Musik weiter.
Den Schluss ankündigen, das Werk betrachten, mit dem inneren Auge fotografieren und für eine Zeit lang liegen lassen.

Herbstküche

Folienkartoffel

Zutaten

Pro Person ein bis zwei Kartoffeln, Salz, Pfeffer, Kümmel oder Oregano (je nach Geschmack), Olivenöl, Küchenpinsel, Alufolie

So wird's gemacht

Alufolie in viereckige Stücke reißen, mit Öl bepinseln, Kräuter und Gewürze draufstreuen und damit die Kartoffeln einwickeln. In der Glut des Feuer oder im Backofen bei 220 Grad je nach Größe 30–40 Minuten garen. Dazu gibt es selbstgemachte Dips.

Kräuterdip

Zutaten
1 Bund Schnittlauch, selbstangebaute Kresse, Dill (Variationen mit Basilikum oder Petersilie ...), 1 Becher Creme fraiche, Kräutersalz, 2 El Honig, 2 Eigelb

So wird's gemacht
Kräuter waschen, zupfen und mit dem Wiegemesser klein hacken. Mit Creme fraiche, Eigelb und Honig gut verrühren und mit Kräutersalz abschmecken.

Tomatendip

Zutaten
Passierte Tomaten aus der Dose oder Tetrapack, 1 El Tomatenmark, 1 Knoblauchzehe, eine kleine Zwiebel, 1 El Honig, 2 El Olivenöl, 2 Essl. Sahne, Basilikum, Rosmarin (wenn möglich frisch), 2 Lorbeerblätter, Salz und Pfeffer

So wird's gemacht
Zwiebel klein hacken, und in Olivenöl andünsten, Knoblauchzehe dazu pressen, Sahne hinzugeben und sehr schnell auch die passierten Tomaten gut verrühren, Kräuter und Honig dazu geben und mit Salz und Pfeffer abschmecken. Kann kalt und warm gereicht werden.

Avocado-Dip

Zutaten
1 reife Avocado, 1 Zitrone, 1 Becher Creme fraiche, 1 Bund Schnittlauch, Salz und Pfeffer

So wird's gemacht
Schnittlauch waschen und klein schneiden, Zitrone auspressen, Avocado halbieren; Kern entfernen (kann mit den Kindern eingepflanzt werden) Fruchtfleisch mit einem Löffel aus den beiden Hälften kratzen und gleich mit dem Zitronensaft pürieren, damit sie nicht braun wird. Creme fraiche unterrühren und mit Salz und Pfeffer abschmecken.

Kartoffelpuffer

Zutaten
2 kg rohe mehlige Kartoffeln, 4 El dicker saurer Rahm, 2 Eier, 4 El Grieß, Salz, reichlich Fett zum Ausbacken

Zubereitung
Rohe, gewaschene, geschälte Kartoffeln reiben. Kartoffelmasse mit Rahm mischen, Ei, Grieß und Salz zugeben. Fett in der Pfanne erhitzen und mit Esslöffel Kartoffelmasse hineingeben.
Mit Löffel flachdrücken, bei guter Backhitze auf beiden Seiten knusprig backen. Lecker schmeckt dazu Apfelmus.

Erntedank-Kartoffelsuppe

Zutaten
4 große Kartoffeln, 4 Karotten, 1 Stange Lauch, 1 Sellerieknolle, 1 Zwiebel, 1 Knoblauchzehe, 2 L Gemüsebrühe (Brühwürfel), 4 El Sahne, Butter, zum Bestreuen gehackte Petersilie, Salz, Pfeffer, Semmelwürfel

Zubereitung
Gemüse waschen, schälen, zerkleinern und in der heißen Butter andünsten. Die rohen, würflig geschnittenen Kartoffeln zugeben. Brühe zugießen, alles weich kochen und mit Salz und Pfeffer abschmecken. Am Schluss Sahne hinzufügen. Semmelwürfel in Butter anrösten und auf die Suppe geben.

Gedörrte Apfelringe

Zutaten
Äpfel, Apfelschäler, Kernhausentferner, Messer, Schnur

So wird's gemacht
Äpfel waschen, schälen und Kernhaus ausstechen. Hierbei muss jüngeren Kindern etwas geholfen werden. Äpfel in dünne Scheiben schneiden, diese auffädeln und zum Trocknen aufhängen. Nach wenigen Tagen können die Apfelringe probiert werden. Oder sie wer-

den bei einem Apfelfest als Spiel »Apfelringe schnappen« zur lustigen und genüsslichen Attraktion.
Ein schönes Geschenk oder begehrte Ware sind sie aufgefädelt auf ein kariertes Band und zu einem kleinen Kränzchen mit Schleife zusammengebunden.

»Apfelkuchen sehr fein«

Zutaten

200 g Puderzucker, 1 Vanillezucker, 200 g Butter, 4 Eier, 200 g Mehl (Wiener Griesler), 1 Msp Backpulver, Äpfel (Boskop), 1 Zitrone

Zubereitung

Butter in Pfanne auf kleiner Flamme zerlassen, aber nicht braun werden lassen, dann etwas abkühlen. Eier mit Puderzucker und Vanillezucker schaumig schlagen und die noch etwas flüssige Butter unterrühren. Nach und nach Mehl mit Backpulver einrühren. (Der Teig ist etwas flüssiger als ein üblicher Rührteig, wenn die Butter aber fest wird, ist der Teig umso dicker.) Teig in eine gefettete und bemehlte Springform füllen und zur Seite stellen.
Zitrone auspressen und Saft in ein kleines Schälchen geben.
Die Äpfel waschen, schälen, Kernhaus entfernen und in dünne Spalten schneiden. Die Apfelspalten in Zitronensaft wälzen, damit sie nicht braun werden. Die Scheiben kreisförmig, von außen nach innen auf den Teig geben. Bei mittlerer Hitze ca. 30–40 Minuten backen.
Variation als Erntekuchen: Statt ausschließlich mit Äpfeln wird der Teig mit allem was es im Herbst zu ernten gibt belegt: Birnen, Zwetschgen, Beeren, Weintrauben, verschiedene Nüsse …

Bratäpfel

Zutaten pro Bratapfel

Je 1 Tl gemahlene Haselnüsse, rote Marmelade, Zucker, Rosinen, evtl. Vanillesauce
Materialien: 1 Apfelausstecher, Alufolie etwa 15 x 15 cm, Backblech

Zubereitung
Apfel gründlich waschen, abtrocknen und Gehäuse mit dem Ausstecher entfernen.
Apfel auf die Folie legen und abwechselnd mit Haselnüssen, Marmelade, Zucker und Rosinen füllen. Ecken der Folie anheben, zusammen drehen und mit dem Apfel auf das Backblech stellen. Bei etwa 250 Grad Apfel 35 bis 45 Minuten braten.

Apfel-Kürbis-Marmelade

Zutaten
500 g Äpfel, 500 g Kürbisfleisch, 1 kg Gelierzucker, Saft von 3 Zitronen, 1 Stange Zimt
Material: Saubere Marmeladengläser, Etiketten zum Beschriften, Geschirrtuch, großer Topf, Kochlöffel, Schöpflöffel

Zubereitung
Die Äpfel waschen, schälen, zerteilen, Kerngehäuse entfernen. Fruchtspalten in dünne Scheiben schneiden. Den Kürbis schälen, in Streifen und dann in dünne Scheiben schneiden. Mit den Äpfeln und dem Gelierzucker mischen, abdecken und über Nacht stehen lassen. Am nächsten Tag die Zitronen auspressen, mit der Zimtstange zu dem Fruchtgemisch geben. Alles unter Rühren zum Kochen bringen, vier Minuten sprudelnd kochen lassen. Zimtstange herausnehmen, Marmelade noch heiß mit kleinem Schöpflöffel in Gläser füllen. Deckel fest aufschrauben und Gläser mit dem Deckel nach unten auf feuchtes Geschirrtuch stellen. Dies dient der Konservierung und verhindert das Platzen der Gläser. Nach dem Abkühlen Gläser etikettieren.

Apfelschalentee

Zutaten
Ungespritzte Äpfel, Apfelschäler, größere Nadel und Zwirn

Zubereitung
Zuerst die Äpfel schälen. Die Schalenstückchen mit Nadel und Zwirn auffädeln und zum Trocknen aufhängen, das wirkt zudem auch sehr

dekorativ. Nach dem Trocknen Schale in dunkle Gläser oder in eine Dose füllen und die Kinder daran riechen lassen! Das Fruchtfleisch wird im Anschluss gegessen oder zu Apfelmus gekocht.
Für eine Tasse Tee benötigt man eine Tasse Wasser und einen Esslöffel Apfelschale. Beides 5 Minuten kochen lassen, abseihen und eventuell mit Honig süßen. Das schmeckt warm, aber auch kalt als Erfrischungsgetränk.

Obstsalat

Zutaten
Verschiedene Früchte (pro Kind ein Stück), 1 Zitrone, Honig nach Belieben

Zubereitung
Kinder waschen sich die Hände und dann das Obst. Gemeinsam wird zusammengestellt, was alles für die Zubereitung des Obstsalates gebraucht wird, dabei können die Kinder bereits vorhandene Erfahrungen einbringen.
Jedes Kind bekommt ein Stück Obst, welches es abschälen und klein schneiden darf. Alles zusammen kommt in eine große Schüssel. Ein bis zwei Kinder pressen die Zitrone aus und schütten den Saft über das Obst, damit es nicht braun wird. Ein anderes Kind wiederum gibt den Honig hinzu. Jedes Kind darf den Obstsalat vorsichtig mit einem Salatbesteck vermengen. Zum Essen reicht jedes Kind einem anderen den Obstsalat in einem feinen Schälchen.

Kürbiskompott

Zutaten
Etwa 750 g Fruchtfleisch vom Kürbis, 3/4 l Wasser, 250–300 g Zucker, 6–8 El Zitronensaft, Schale einer Zitrone, 1 Stange Zimt, einige Ingwerstücke

Zubereitung
Fruchtfleisch in kleine Stücke schneiden. Den Sud mit Geschmackszutaten aufkochen und abschmecken. Kürbisstücke portionsweise in

den kochenden Sud geben, aufkochen lassen, bei kleiner Hitze zugedeckt ziehen lassen bis die Kürbisstücke glasig sind. Danach die Stücke aus dem Sud nehmen und in eine Schüssel legen. Mit den weiteren Portionen ebenso verfahren. Ist das ganze Fruchtfleisch gekocht, wird der Sud durch weiteres Kochen noch mehr eingedickt. Anschließend die Gewürze abseihen und den Sirup über die Fruchtstückchen geben.

Herbstblätter-Plätzchen

Dazu Mürbteig herstellen und die Kinder Plätzchen in Form von Blättern, frei nach ihrer Fantasie mit einem Messer ausschneiden lassen. Anschließend mit verquirltem Eigelb bepinseln und backen.
Tipp: Damit die Blätter gleichmäßig gebacken werden, den Kindern eine Größenvorgabe machen, z. B. »so groß ausschneiden wie eure Handfläche ist«. Werden sie dennoch sehr unterschiedlich, kann man sie nach Größen sortiert auf zwei Backbleche verteilen.

Brot backen

Zutaten
80 g Hefe, 1 Tl Zucker, 1 Tasse lauwarmes Wasser, 1500 g Roggenmehl Typ 1370, 1 El lauwarmes Wasser, 3 El Salz, Mehl zum Bestäuben, Fett für das Backblech, 1/2 Tasse heißes Wasser

Zubereitung
Hefe zerbröckeln und mit dem Zucker in einer Tasse mit lauwarmem Wasser auflösen. Mehl in eine Backschüssel geben, in der Mitte eine Vertiefung eindrücken, die aufgelöste Hefe hineinschütten und mit dem Mehl vermengen. Nach und nach Wasser und Salz zugeben und den Teig durcharbeiten, bis er Blasen wirft und sich von der Schüssel löst. Teig mit Mehl bestäuben, mit sauberem Tuch zudecken und an warmem Ort gehen lassen. Sobald sich das Teigvolumen verdoppelt hat, den Teig auf eine mit Mehl bestäubte Arbeitsplatte geben, durchkneten und einen länglichen Laib formen. Diesen in ein Tuch einschlagen und nochmals 20 Minuten ruhen lassen. Laib auf das gefettete Backblech legen, mit Mehl bestäuben und an beiden

Enden sowie in der Mitte quer einschneiden. Herd auf 250 Grad vorheizen und Brot bei 180 Grad ca. 120 Minuten backen. Das Blech auf die untere Schiene schieben und eine halbe Tasse Wasser dazustellen. Das Brot ist gar, wenn es beim Beklopfen der Unterseite hohl klingt.

Fladenbrot

Zutaten für den Hefeteig
1/4 l lauwarmes Wasser, 1 Würfel Hefe, 500 g Mehl, 1 Tl Zucker, 2 Tl Salz, 100 ml Olivenöl, 40 g Sonnenblumenkerne

Zubereitung
Wasser in eine Rührschüssel gießen, Hefe hineinbröseln, 5 Minuten gehen lassen, Mehl, Zucker, Salz und Olivenöl zugeben und alles mit dem Knethaken eines Elektroquirls verrühren. Herd bei 50 Grad vorheizen, den Teig mit einem sauberen Tuch abdecken und 30 Minuten gehen lassen. Anschließend den Teig kräftig durchkneten, halbieren, zu 1 cm dicken Fladenbroten ausrollen, auf gefettete Bleche legen, mit Wasser bepinseln und mit den Sonnenblumenkernen bestreuen. Nochmals ca. 10 Minuten gehen lassen, dann bei 225 Grad ca. 30 Minuten backen. Das Brot sollte eine leicht gelbliche Farbe bekommen und schmeckt am besten frisch oder gegebenenfalls aufgebacken.

Stockbrote

Zutaten
450 g Weizenmehl, 1 Tl Salz, 2 Tl Backpulver, 1 Tasse Milch

Zubereitung
Salz, Backpulver und Mehl in einer Schüssel mischen, nach und nach die Milch zugeben, bis ein geschmeidiger Teig entsteht. Vom Teig etwa 10 Teile abstechen und mit bemehlten Händen Würste formen. Jede Wurst schlangenförmig um einen angespitzten Stock wickeln. Stockbrot durch Drehen über der Glut backen, bis es gar ist und eine hellbraune Farbe hat.

Topfbrote

In kleine Blumentöpfe gefüllt und entsprechend kürzer gebacken, können die Topfbrote gut in die Kirche zur Weihe mitgenommen werden. Als Erntdank-Geschenk werden sie dann den Eltern überreicht. Es schmeckt lecker und passt mit Butter und selbstgemachter Marmelade auch sehr gut auf unser Erntedank-Büffet.

Zutaten

1 Päckchen Hefe, 1 Tl Honig, 1/2 l Wasser, 800 g fein gemahlener Weizen, 1 El Kräutersalz, 4 El feingehackter Thymian und Rosmarin, Butter zum Einfetten des Topfes, Semmelbrösel zum Ausstreuen, 1 neuer Terrakottatopf mit 16 cm Durchmesser, mehrmals mit heißem Wasser gut gespült um evtl. Rückstände auszuwaschen.

So wird's gemacht:

Hefe mit Honig flüssig rühren, 1/8 l Wasser zugeben, 15 Minuten gehen lassen. Mit dem Mehl und dem restlichen Wasser verkneten, Salz, Kräuter zufügen und etwa eine Stunde mit einem Tuch zugedeckt ruhen und gehen lassen. In der Zwischenzeit den Blumentopf wässern. Den Teig nochmals kräftig durchkneten, in den gefetteten und mit Semmelbrösel ausgestreuten Blumentopf geben. Diesen in den kalten Backofen setzen und eine feuerfeste Schale mit kochendem Wasser darunter stellen. 70 Minuten bei 200 Grad backen.

Zur Verzierung

Um den Topf eine Schleife aus Bast oder Geschenkbändern binden, in das Brot einen Stab mit angebundenen Buchszweigen und einer gemalten und ausgeschnittenen Sonne stecken.

Farbenmenüs

Die Farben des Herbstes sind ein unausweichliches Thema und so essen wir zum Spaß an einem Tag ganz bewusst alles was rot, an einem anderen was grün ist, usw.

Speisenbeispiele für Essen nach Farben, die den Kindern Spaß machen und gesund sind:

Rot: Tomatensuppe, Rote-Beete-Salat, Spagetti mit Tomatensoße, Kirschkompott, Himbeersaft
Grün: Kräutersuppe, Feldsalat, Zucchini überbacken, grüner Wackelpudding. Waldmeistergetränk.
Gelb: Kürbissuppe, Maissalat, Rühreier, Kartoffelauflauf, Pfirsichkompott, Orangensaft.
Weiß: Selleriesuppe, Chicoreesalat mit Apfel, Kohlrabigemüse, Vanillequark, Bananenmilch
Blau: Blaukrautsalat, Auberginenauflauf, blaue Weintrauben, Heidelbeersaft

Quellenverzeichnis

S. 29f.: Die verlorene Kartoffel, entnommen aus: Maria Rößler: Zauberhafte WinterWeihnachtszeit, Don Bosco, München
S. 34f.: Renate Schupp, Dankgebete, entnommen aus: Ilse Jüntschke, Im Kindergarten die Herbstzeit erleben, © Verlag Ernst Kaufmann, Lahr
S. 35f.: Rätsel Pilz, Pflaume, Apfel, Kastanie entnommen aus Marga Arndt/Waltraud Singer: Das ist der Daumen Knudeldick, © Ravensburger Buchverlag, Ravensburg
S. 36: Rätsel »Wer will mich zum Essen haben«, © by Rolf Krenzer, Dillenburg
S. 76: Erntetanz, Rolf Krenzer/Ludger Edelkötter, entnommen aus: Wir feiern heut ein Fest (IMP 1022), © KiMu, KinderMusik Verlag GmbH, 42555 Velbert
S. 77: Ich hol mir eine Leiter, © Hubertus Verholt, Düren
S. 78: Brot, wo kommst du her?, Rudolf Otto Wiemer, entnommen aus: P. Leonhardt (Hrsg.), Das Feierbuch der Schule, © Deutscher Theaterverlag GmbH, Weinheim
S. 79: Knister-, Knusper-, Knäckebot, Rolf Krenzer/Siegfried Fietz, entnommen aus: Kinder auf dem Erdenstern, Nr. 074, © ABAKUS Musik Barbara Fietz, 35753 Greifenstein
S. 80: Seht, was wir geerntet haben, Rolf Krenzer, entnommen aus: 100 einfache Lieder Religion, © Verlag Ernst Kaufmann, Lahr